ビジネス・就活で活きる

Best Practices in Communication

# 「伝え方」のベストプラクティス

高嶋幸太　木村久美 著

大修館書店

# はじめに

突然ですが、あなたは**「聞き手に伝わる話し方」**と**「聞き手に伝わりにくい話し方」**の差はどこにあると思いますか。

本書は、伝え方のエッセンスを一冊に凝縮させ、どうすれば相手に伝わるようなコミュニケーションができるのか、そして、どのような日本語を使えば相手に理解してもらえるのか、など伝え方における最良の実践事例《ベストプラクティス》をストーリー形式で学んでいくものです。

本書を読み終えるころには「聞き手に伝わる話し方」と「聞き手に伝わりにくい話し方」の差が明確に理解でき、その話法を対面、オンライン問わずさまざまな場面で活かすことができます。

すでに伝え方に関する本は数多く出版されていますが、本書には大きく分けて3つの独自性があります。

1つ目は**一般性**です。伝え方に関する本の大多数は、著者個人の経験から導き出された理論や原則を解説しているため、どれほど一般性があるか定かではありません。対して、本書はそのような本とは異なり、日本語教育学やコミュニケーション学、心理学など専門分野における理論や実験結果を裏づけとして提示したり、一般的に行われているボイストレーニングやアナウンスメントのトレーニング方法を紹介したりしています。

2つ目は**娯楽性**です。伝え方に関する本の多くは説明文形式で構成されています。一方で、本書はストーリーを中心に据えて展開しているため、楽しみながら伝え方を学んでいくことができます。また、1節の分量は、待ち時間や移動時間など隙間時間を利用しながら、気軽に読める程度のものにしています。

最後は**親近感**です。2つ目とも関連する点ですが、本書ではストーリー形式を採用しているため、伝え方講座に参加する学生と社会人の登場人物を、自分自身に置き換えながら読み進めていくことができます。

本文の流れにも工夫を加えました。本文は、以下の4ステップから成り立っています。

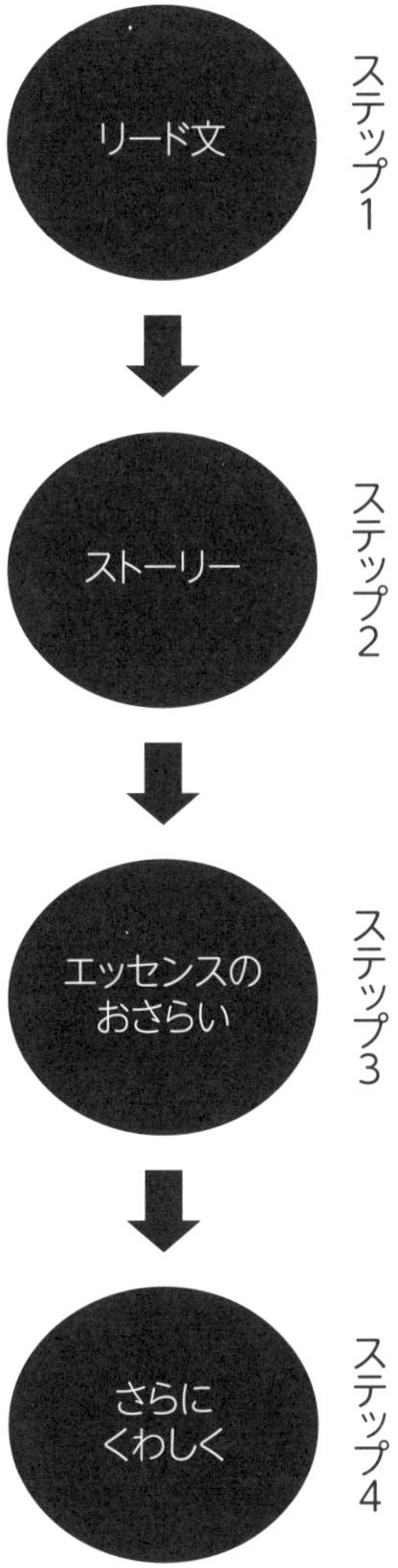


最初の「**リード文**」では、当該節におけるメインキャラクターのイラストとともに、内容に関する問いがあります。先を読み進めるまえに、自分の伝え方を振り返ってみましょう。

次の「**ストーリー**」では、スピーチやプレゼンテーション（以下プレゼン）、面接、話し合いなどの場面において、相手に伝わるように話したいと考える主人公3人が登場します。それぞれの登場人物の状況は、本書を手に取る人の状況と重なる部分があるはずです。

なお、ストーリーの設定は、厳密さよりもわかりやすさを重視しているため、単純化している部分もあります。また、本書中のストーリーはフィクションであり、登場する人物、団体等は架空のものです。実在の人物、団体等とは一切関係ないので、その旨ご了承ください。

そして、ストーリーパートのあとには、重要事項を整理する「**エッセンスのおさらい**」と、理解をより深める「**さらにくわしく**」があります。

参考文献がある場合は本文中に注を付記しましたので、それらも併せてご活用ください。

出版に際しては、担当編集者である編集第二部の内田 雅さんをはじめ、大修館書店の方々にさまざまなサポートをしていただきました。心より感謝いたします。そして、素敵な挿し絵を数多く描いてくださったイラストレーターの岡林 玲さん、取材に快く応じてくださった元ANA（全日本空輸）客室乗務員の原 美穂里さんにも、厚くお礼を申し上げます。

最後になりましたが、本書が伝え方を把握するうえで参考となり、また、円滑なコミュニケーションを行っていくための一助になることを願っています。そして、本書を通じて学生生活、社会人生活をより豊かにするお力添えができれば、筆者として大変うれしく思います。

2020年7月

高嶋 幸太・木村 久美

# 目 次

# 登場人物の紹介

## 橋本 あや（はしもと あや）

私立大学に通う観光学部の学生。４月から大学４年生。カフェでアルバイトをしている。就職活動の開始が近づいてきており、きちんとした話し方を身につけなければ、と危機感を抱いている。客室乗務員志望。前向きで素直な性格だが、おっちょこちょいなところも。

## 堺 圭介（さかい けいすけ）

中堅文房具メーカー「マキノ」に勤務する会社員。経済学部卒で、4月から入社2年目。研修期間中の半年間は、営業部で先輩の指導のもと現場経験を積む。その後、企画部の商品企画課に本配属となり、商品の企画立案に携わる。プレゼンを成功させるため、伝え方を学ぶ必要があると考えている。社交的かつ行動的な性格であるがゆえ、向こう見ずなところも。

## ジェームズ・チャン（本名：陳《チャン》 浩宇《ホウユウ》）

日本の国立大学に通う香港出身の正規留学生で、社会学部の学生。4月から大学2年生。留学に不自由しないレベルの日本語をすでに習得している。授業で話し合いやディスカッションの機会が増えてきたため、伝え方を知りたいと思っている。クールで落ち着いた性格だが、とっつきにくいところも。

長谷川 美幸（はせがわ みゆき）

伝え方講座の講師。大学で英米文学を専攻し、卒業後にテレビ局のアナウンサーとなる。テレビ局を退職後、アメリカの大学院でコミュニケーション学の修士号を取得。日本に帰国してからはフリーランスのコミュニケーション講師として活躍している。日本語教師の資格も持つ。

# 〈ビジネス・就活で活きる〉「伝え方」のベストプラクティス

# プロローグ

## どうして伝え方講座に参加することになったのか

# プロローグ1　橋本　あやの場合

寒さの中に春の気配も時折感じるようになってきたある日、就活生のあやは喜びと不安に包まれていた。

先日提出したエントリーシートの結果がメールで届けられたのだ。結果は、航空会社5社のうち、3社が通過。これはとても喜ばしいことだった。しかし、同時に不安も覚えていた。エントリーシートの場合、たっぷり時間をかけて推敲したり、第三者に意見を聞いたりしてから、提出ができる。一方で、面接試験の場合は、その場その場で瞬時に自分の思いや考えを伝えなければならない。あやは面接に自信がなかった。

とりあえず、大学の親友で、自分と同じく客室乗務員を志望している香奈子に連絡を取り、午後、チェーン系のカフェで会う約束を取りつけた。

＊＊＊

あやがお店に入ると、香奈子はすでに左奥の席に座っていた。

「ごめん、待った？」

「大丈夫。さっき来たばかりだから」香奈子は笑顔で答えた。

カウンターでソイラテを購入してから、香奈子の待つ席に向かい、早速、就職活動の近況を報告し合う。

香奈子の話によると、彼女は航空会社5社にエントリーシートを提出し、すべてが通過だったそうだ。香奈子は気が利くし、要領もいい。それに、立ち居振る舞いから話し方まですべてがキラキラと輝いている。

「こういう子が客室乗務員に採用されるんだろうなぁ」と思いながら、香奈子の近況報告を聞いていた。

夕方からアルバイトがあるという香奈子と別れても、あやはそのままカフェに残っていた。自分も香奈子みたいになりたいのだが、何が違うのだろう。

そう思いながら、無意識にスマートフォンで「面接」「話し方」「魅力的」などと検索していると、あやはある1つのウェブサイトにたどり着いた。

《長谷川美幸直伝　伝え方講座》

「そもそも長谷川美幸って誰?」と思ったが、講座内容や講師プロフィールなどに目を通すうちに、徐々にあやはこの講座に興味を持つようになっていった。

長谷川美幸は、これまでに学生、社会人、企業幹部、政治家など1500人以上に伝え方を教えてきたコミュニケーション講師なのだそうだが、あやが特に関心を寄せたのは、サイト内に書かれた《トレーニングをすれば、必ず誰でも伝え方の技術は向上する》という一文だった。

「もし本当にそうなら、あたしも香奈子みたいに自分を上手に表現できるかも。自分で動かないと何も変わらないし、やるだけやってみなきゃ」

こうしてあやは、長谷川美幸の伝え方講座に参加することを決意するのだった。

## プロローグ2 堺 圭介の場合

「ダメだった……」

圭介は、社内で行われた企画コンペの結果に肩を落とした。来年から社運をかけて始まる「ステーショナリー革命シリーズ」の商品企画を社内で募集していたのだが、圭介が提案した企画は通らなかった。

圭介が文房具メーカーのマキノに入社して、そろそろ1年が経とうとしていた。4月からは2年目になる。入社してから半年の研修期間は営業部に配属され、主に代理店や販売店への営業を行いながら、現場経験を積んだ。

そして、9月からは希望していた企画部の商品企画課に晴れて本配属となった。現在は新商品の企画立案に携わっている。とは言うものの、新社会人である圭介にできることは限られており、先輩が立てた企画の資料収集やデータ分析などが主な業務だった。

そんな中、直属の上司である和田から
「今までたくさんの文房具に触れてきたわけだし、入社1年目で業界の固定観念にもとらわれていないんだから、君も今度の企画コンペに応募してみたらどうだ」と提案されたのをきっかけに、圭介は初めて企画を一から立案することになった。

マキノでは「新たな挑戦」がモットーになっており、若手社員であろうと、ベテラン社員であろうと、挑戦し続けることを常に求められている。圭介はかねてから温めていたアイディア「速乾性のある修正液」を企画し、プレゼンテーションをしてみたものの、企画は通らなかった。

昼休み。圭介は、同期であり、企画部の営業企画課に在籍している徹也といっしょにいた。2人とも社内食堂でラーメンをすすっている。

「企画コンペに応募したんだろ。結果はどうだった?」徹也が尋ねてきた。

「いや、ダメだった」

「そっか。実はオレ、役員会議を通って採用されたんだ。長さが自由自在に調節できる定規」

「お前、採用されたのか。すごいな。おめでとう」

圭介は素直に祝福した。だが、それと同時にショックも受けていた。徹也は自分と同じ入社1年目でも、しっかり企画を通していたからだ。

昼休みが終わってから、自分の企画において何がダメだったのかを、率直に上司の和田に尋ねてみた。

「あの、和田さん。私の企画、何がダメだったのでしょうか」

「ああ、あれね。方向性はよかったと思うんだけど、企画の軸が伝わりにくかったんじゃないのかな。だって、質疑応答であんまりみんなから質問が来なかったでしょ」

確かに質疑応答のときにはほとんど質問が出なかった。

また、プレゼン後には参加者に「説得力がないんだよね……」と言われていたのも、圭介は思い出した。和田は続けて言った。

「だから、もうちょっと伝え方を工夫したほうがいいと思うな。例えば、ほら、本を買って勉強してみたり、うちの社外研修制度を使ったりして、伝え方のスキルを向上させるとかさ」

社外研修制度……その手があったか。確か、マキノでは自己研鑽《じこけんさん》のために半額まで社外研修の受講費用を負担してもらえるのだった。ただし、応募書類を提出し、社内で認定されなければならない。よし、応募してみよう。

一度決めたら圭介の行動は早い。圭介は応募書類の作成に取りかかった。受講理由や期待される具体的な効果など記入事項は多岐にわたっており、かなりの時間を要した。中でも、研修先に関しては、徹底的に調べ上げた。

社内の人に尋ねてみたところ、「長谷川美幸という人が講師を務める講座がいい」という話を何度も聞かされた。中には「その講座に参加したおかげで、現在仕事がはかどっている」という声まであった。

それらを総合的に踏まえ、圭介は長谷川美幸の伝え方講座を研修先として記入した。

＊＊＊

応募書類を提出してからおよそ2週間後。1通のメールが圭介の受信ボックスに届けられた。件名は《【社外研修】認定のお知らせ》だった。

圭介は、思わず声を張り上げそうになるのを押し殺し、小さくガッツポーズをした。

## ジェームズ・チャンの場合

「Cか……」

大学生のジェームズは、今学期の成績表を学務課で手にし、落胆していた。Cというのは、履修した科目「国際社会学概説」における成績のことだ。Cの1つ下がFで、これは不合格を意味する。つまり、ジェームズは不合格に近かったのだ。授業への貢献度や最終発表に手ごたえがなかったため、ジェームズ自身も、最上級のS評価は難しいだろうと考えていたが、まさかC評価になるとは夢にも思っていなかった。

国際社会学概説を担当する菊池先生の授業では、意見交換やディスカッション、発表などが毎回必ずある。しかし、ジェームズは、この活動がどうも苦手だった。自分の性格も関係していると思うのだが、なかなか意見を出せないからだ。発言するとしても、「僕もそう思います」「確かにそうですね」など相づちや同意がほとんどだった。

困ったことに、来学期の履修科目である「国際開発論」の担当も菊池先生ときている。このままだと、次回の成績でもC、下手すればFをつけられる恐れがある。

加えて、ジェームズにとって懸念材料なのが奨学金だった。現在、返済不要の給付型奨学金を受け取っているのだが、成績が悪いと最悪の場合、奨学金の支給が打ち切りになるかもしれない。これは何としても避けたかった。

ジェームズは、中学生のときに、日本のマンガやドラマ、音楽といったポップ・カルチャーに興味を持ったことから、日本語の勉強を始めた。そして、日本へのあこがれは年々高まり、高校卒業後、香港から単身で来日。1年半、日本語学校で日本語を学んだのちに、入学試験に合格し、現在、この国立大学で社会学を学んでいる。

ジェームズにとって、奨学金はライフラインとも言える貴重な存在だ。奨学金が打ち切られた場合、両親からの限られた仕送りとバイトの給料だけでやりくりしていかなければならない。日本での生活は厳しくなるだろうと考えていた。

落ち込むジェームズが学務課から出ようとしていると、2つ上の先輩エミリーを見かけた。エミリーは英語名で、出身は台湾である。ジェームズと同じく社会学を専攻している。ジェームズは早速、成績のことをエミリーに相談した。

「どうすれば菊池先生の授業でいい成績が取れるでしょうか」

「菊池先生は、授業での参加態度を重要視しているから、ちゃんとグループワークで意見を出したり、積極的にクラスで発表したりすることが大切だよ」

「そうですか。でも、僕、意見を言ったり、発表したりするのが苦手なんですよね。このままだと成績が落ちていって、奨学金ももらえなくなっちゃうかもしれない……」

「何言ってんの。自分の課題がすでにわかっているのなら、改善すればいいだけじゃないの」

エミリーは、たいして深刻な問題ではない、といった様子で言った。

「あ、そうそう。以前、私が受講したこのスクールがよかったよ」

そう言ってエミリーはスマートフォンの画面をジェームズに見せた。

《長谷川美幸直伝　伝え方講座》ジェームズは画面を見てつぶやいた。

「そう。この先生、元々アナウンサーなんだけど、話し方や伝え方を一から丁寧に教えてくれるの。ジェームズも参加してみたら？」

ジェームズは考えた。受講費用は決して安くはない。しかし、今後のことを考えたら、必要なスキルなのではないかとも思えてきた。講座の開始は来月初旬からで、予約枠は残すところあと１人。申し込みはまだ間に合う。

「エミリーさん、どうもありがとう。参加してみようと思います」

ジェームズは、参加の決意を固めるのだった。

# 伝え方講座、いざ開講！

伝え方講座は午後7時から、とあるオフィスビル内の防音室で開かれる。防音室が使われるのは、発声練習などで大きな声を出しても大丈夫なように、という理由からだ。

午後6時45分。最初にやってきたのは、大学の授業終わりであるジェームズだ。ジェームズは、ジーンズスタイルで、白のTシャツの上にブラウンのレザージャケットを羽織っていた。

その3分後に、あやも教室に入ってくる。バイトが終わり、レッスン初日から遅刻はできないと駆けつけたあやは、クリーム色のニットにオレンジのフレアスカートという格好だ。

そして、最後に圭介が急いで入室してきた。圭介は仕事終わりであるため、グレーのスーツにライトブルーのシャツ、ロイヤルブルーのネクタイという出で立ちだ。

少人数制で予約困難な講座だということだけあって、どうやら今回の受講者はこの3人ですべてのようだ。午後7時、美幸が教室にやってきた。サーモンピンクのワンピースに紺のジャケットという装いで、仕事ができそうな雰囲気を醸し出していた。

「みなさん、こんばんは」

「こんばんは」３人も返す。

「この講座を担当する長谷川美幸です。みなさんは、効果的な話し方や伝え方を身につけたいと考え、本講座に参加されていると思います。話し方や伝え方は才能ではなく、技術です。ですから、この講座が終わるころには、みなさんのスキルは、格段に向上しています。講座の中で、何か疑問点や不明な点があったら、遠慮せず尋ねてくださいね」

美幸の洗練された一挙手一投足に、３人は目を奪われていた。

「それでは、簡単に自己紹介をしてください。名前とクラスでの呼び名、それから受講理由を教えてくださいますか。では左端の方からお願いします」

美幸はあやを指した。

「橋本あやです。呼び名は、あやでかまいません。現在、就職活動をしている大学生で、客室乗務員を志望しています。面接の対策でこの講座に参加しました。よろしくお願いします」

「堺圭介です。呼ばれ慣れているので、圭介と呼んでください。文房具メーカーで商品の企画立案をしています。プレゼンテーションのスキルを磨き、社内で企画を通したいと思い、受講いたしました。どうぞよろしくお願いいたします」

「ジェームズ・チャンです。出身は香港です。呼び方はジェームズでお願いします。大学で発表やディスカッションをすることが多く、きちんと自分の意見や考えが言えるようになりたいと思って、このクラスに参加しました。よろしくお願いします」

「どうもありがとう。みなさんの状況はだいたい把握できました。これから数カ月間、どうぞよろしくね」

3人の短い自己紹介を聞いただけで、美幸はある程度の状況が把握できたようだった。続けて言った。

「さて、それじゃあ、早速始めましょうか」

こうして、伝え方講座が開講した。

# 第1章

# 相手に伝わる話し方の基礎

## 1-1 声そのものが重要な情報になる

楽しい声、悲しい声など、声そのものが表情を作り出します。
あなたは、話をしているときに、
どれだけ「声」を意識しているでしょうか。

## STORY

### ❶あなたの目指す声は？

「話し方で何が大切だと思いますか」美幸は柔らかい笑顔で3人を見まわしながら尋ねた。

「やっぱり、スラスラとことばが出てくることだと思います」あやが答えた。

「あと、理路整然と話すのも大切ですね」これは圭介の発言だ。

「それから、日本語の知識も」最後にジェームズが答えた。

「みなさんが言ったことはどれも大切ですが、話し方で基礎となるのが声です。声は、ことばだけでなく、性格や感情までも相手に伝えてしまいます。つまり、**声は印象を左右する大**

**切な要素**なのです。だから、相手にとって心地よく、聞きやすい声を考えることが重要です」

それを聞いて、あやは悩みを打ち明けはじめた。

「あたし、低い声だから、あんまり自分の声が好きじゃないんですよね。暗い印象を与えているんじゃないのかなって思って……」

「じゃあ、あやさんが目指す理想の声って、どんな声ですか」

講師の美幸は優しく聞いた。この伝え方講座では、参加者による意見交換や実践を重視しており、美幸は次々と質問してくる。ちっともボーッとしていられない。あやは居直り、答えた。

「友達のひとりに憧れの声を持っている人がいるんですが、その子はいつも声が明るくて通っているんです。あたしもそうなりたいなぁと思っています」これは、あやと同じく客室乗務員を目指している親友の香奈子のことだ。

「それは素敵ですね。声の質感や高低は、人の印象を決めるのにとても重要な要素です。あやさんは明るい声が憧れなんですね」あやはコクリとうなずいた。

「それではみなさんそれぞれ自分の目指す声を探し出してもらいましょう」

美幸は1枚のプリントを配付した。そこには図が描かれている。

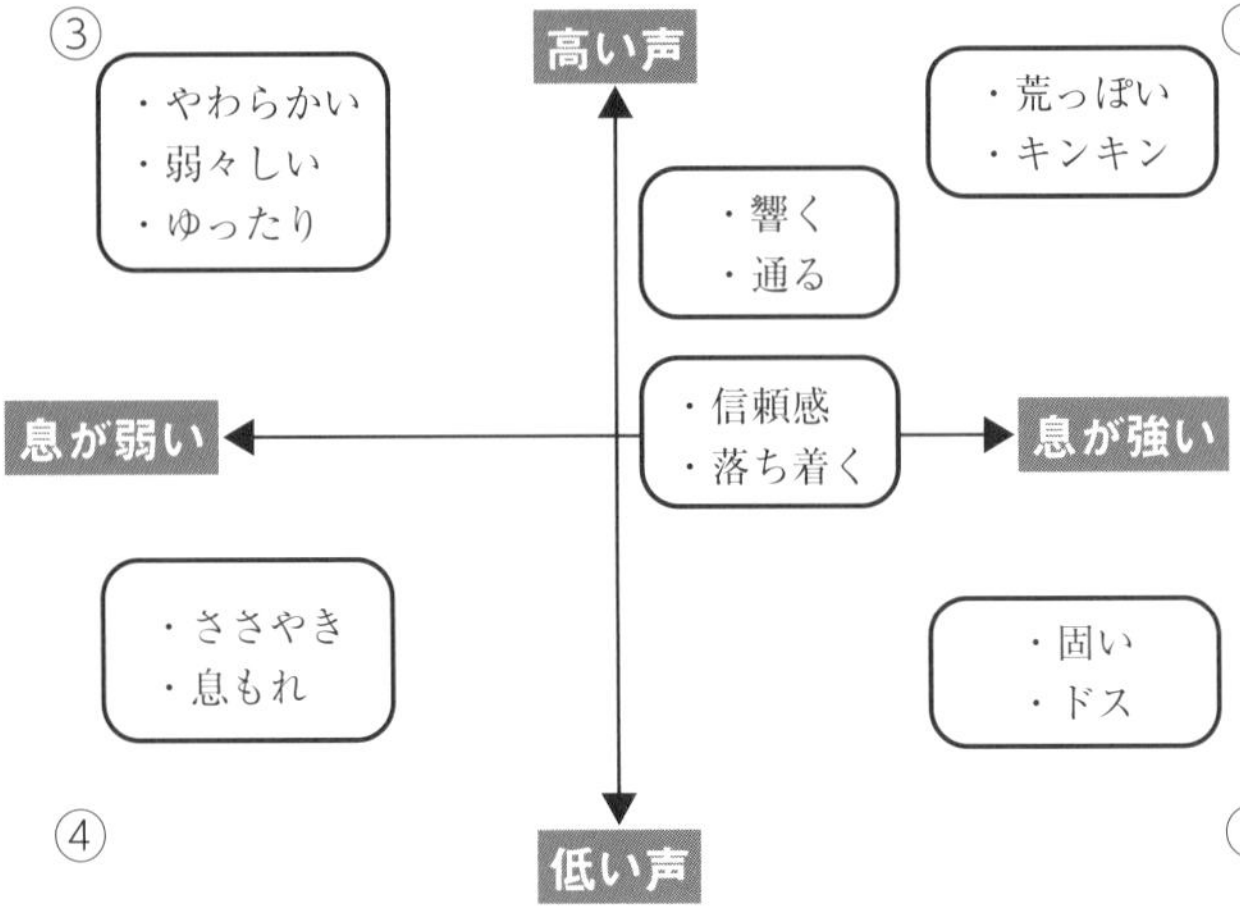


▶**声のマトリックス**

「この図から自分の目指す声を思い描いて、分布からその位置を確認してくださいね」

その図には《声のマトリックス》と書いてある。

声の高低と息の強弱で分布されており、縦軸が声の高低、横軸は息の強弱を表している。

「**声の高低はもちろん、息の強弱にも注目してください**ね。あくまで自分のイメージでいいですよ」そう言って、美幸は1つずつ説明していった。

①図の右上は、吐き出す息が強く、高い声だ。「荒っぽい」「キンキンする」という

印象を与える。

やや左下に行くと、息が強めで、高めの声だ。「響く」「通る」という印象を与える。右側で横軸をまたがる辺りは「信頼感」「落ち着く」という印象を与える。

②次に、右下。息が強く、低い声だ。「固い」「ドスのきいた」という印象を与える。

③そして、左上。息が弱く、高い声だ。「やわらかい」「弱々しい」「ゆったりした」という印象を与える。

④最後に、左下。息が弱く、低い声だ。「ささやき」「息もれ」という印象を与える。

3人は、この分布図を見ながら、自分が目指す声のゾーンを考えた。

「どのあたりのゾーンを目指すのか『見える化』したら、次は実際に、今、自分の声はどの辺りにあると思うか、記入してみましょう」

「えー自分の声、嫌いなんですよー」間延びした声が上がった。ジェームズだった。

美幸はクスリと笑って言った。

「自分はどんな声で人と話しているのだろうか、相手はわたしの声をどんなイメージだと受け取るだろうか、などを想像してほしいの。自分が目指す声と実際に聞こえる自分の声を客観的に判断して、図の中で視覚化すると、何をブラッシュアップしていけばいいかが、わかりやすくなりますよ」3人は、静かに首を縦に振った。

「ゾーンが決まれば、あとはそこを目指すだけでＯＫ！」美幸はそう言いながら、自分で納得するように軽くうなずいた。

## ❷自分の話し方を客観的に捉える

この日のレッスンはそこで終わった。最後に、美幸から課題が出た。

「自分の話している姿を1分間スマートフォンやビデオで撮影し、自分の声が位置するゾーンを分析し、チェックしてくる」というものだ。

話すテーマは「私の友人」である。あやは自宅へ帰る間、電車の中でどんな内容にするかを必死に考えていた。しかし、そうこうしているうちに、自分が下車すべき駅を通り過ぎ、気づいたら2駅も乗り過ごしていた。

「ありゃりゃ。帰る時間が遅くなっちゃう」慌てて乗り換える。課題をやり残すのは嫌なので、今日中に終わらせておきたい。

家に着くころには、話の内容も固まってきた。スマートフォンを設置する三脚などは自宅にないので、テーブルにスマホを立て、教科書で挟んで準備した。

美幸からは、次の5つの条件が提示されている。

①立ち姿で撮影すること。
②カメラの位置は目線の高さにすること。
③上半身が映るように撮影すること。セルフィーなど手持ちにはしないこと。
④パブリックな場でスピーチすると想定し、話の内容や振る舞いを考慮すること。
⑤内容は1分にまとめること。

あやは、香奈子とのエピソードを中心に話を展開しようと考えた。

＊＊＊

「あれ？　意外とあたしの声って高いほうなのかも」あやが自分の声を聞いてまず思った第一印象だ。

改めて再生してみる。あたしの声って低くて、すこし暗いと思っていた。パブリックな場所で話すのをイメージするように、ということだったので、かしこまって話してみた。ちょっと早口ではあるが、暗くは感じない。

「ん〜あと一息ってところかな」自分に甘いかなとも思うが、そう悪くもない。

美幸にもらった声の分布図を広げる。息がすこし続かなかったので、息は縦軸よりすこし左のやや弱め、声の高さは中心よりすこし上のゾーンに丸をつけた。あやは、自身の目指す声を「息はやや強め、高低は中心線よりすこし上」と決め、赤く丸印をつけた。

## エッセンスのおさらい

### □印象のよい話し方

印象がよい人は、どんな話し方をしているかを考えてみましょう。

声は1つの音ですが、話し方は、性格や感情までも相手に伝えてしまいます。そのため、どんな声・話し方が好印象を与えるかを考えることが大切です。「スラスラと話すこと」を目指すべきなのでしょうか。「理路整然と話すこと」を目指すべきなのでしょうか。これらはテクニックの1つではありますが、多くの人が目指す「印象のよい話し方」ではありません。多くの人が好むのは、**「話が聞きやすく」、「内容がわかりやすく」、「感情が伝わってくる」**そんな話し方なのではないでしょうか。

## □自分の声を知る

声の分布図を使って、自分の目指す声や、現在の自分の声を把握することが大切です。客観的に自分の声を知るために、録画・録音して、自分の話し方を知るのもよいでしょう。

## さらにくわしく

### ●信頼感を持たれる声

信頼感を持たれる声とは、やや低めで落ち着いた声です。

コロンビア大学のウィリアム・アップル氏ら[26]は、ピッチ（高さ）を変えた発話音声を実験参加者に聞かせ、それらをどう評価するか検証しています。実験の結果、高い声だと「信頼性は低く、共感できない」と評価されたことを報告しています。

また、マイアミ大学の政治学者ケイシー・クロフスタッド氏ら[33]が行った模擬選挙の実験では、ピッチ（高さ）が異なる男性候補者と女性候補者の音声を実験参加者に聞かせ、誰に投票するか調査しています。その結果、得票率は男女ともに低い声のほうが高かったことを明らかにしています。

## ●説得力のある声

説得力を持つのは、抑揚があり、やや強めの声です。

アメリカ・ブランダイス大学の心理学者ジャネット・ロビンソン氏とレスリー・マッカーサー氏[38]は、男性2人の会話音声を70デシベルと75デシベルという2種類の大きさに加工し、それらを実験参加者に聞かせ、どう評価するか検証しています。その結果、75デシベルの音声のほうが親しみやすく論理的であるという評価になりました。

以上から、**説得力があり、信頼感が持てる話し方をするためには、息を強めにし、低めの声を意識する**とよいでしょう。また、**息を強めにし、声はすこし高めにすることで、明るくハツラツ感を出すことができます**。

このように場面に応じて声を変えることも意識してみてください。

# 1-2 腹がすわると声は通る

大きな声を出そうと無理をすると、喉をつぶしてしまう恐れがあるため、通る声を目指す必要があります。
通る声を出すためには、どうすればよいのでしょうか。

## STORY

### ❶身体は楽器

あやは、前回のレッスンで声の大切さを学んだ。しかし、それでもまだ悩みがあった。それは、バイト先のカフェで度々お客さんに聞き返されることだ。メニューや値段を伝えても「え？」「何？」などと言われてしまう。

「先生、バイト先のカフェでお客さんに聞き返されてしまうことが多いんですが、どうすればいいでしょうか」

「聞き返されることが多いんですね。声を出す基礎なので、今日はラクに声が出せる秘訣を学んでいきましょう」今日のレッスンが早速スタートした。

「質問です。声をラクに出す秘訣で大切なことは何でしょう」美幸は3人に尋ねた。

「よく言われる『腹から声を出せ』ってことですか。でも、いまいち『腹から声を出す』ってわからないんですよね」よく聞くんですけど……と圭介は何やらブツブツ言っている。

「たしかに『お腹から声を出して』という表現をよく聞きますよね。でも、本当にお腹から『うぉぉー』って声が出てきたらおかしい……っていうか、怖いですよね」

教室が一瞬和む。

「声は、必ず声帯で音となって出てきます。『腹から声を出せ』とは、『腹に力を入れて息を出す。そして声を乗せろ』ということなのです。このように、腹に力を入れて息を吐き出すことを、**『腹式呼吸』**と呼んでいるのです。腹式呼吸にするとその分、喉に必要以上の力が入らなくなります」

美幸はホワイトボードに《ラクに声を出すポイント【腹式呼吸】》と書き出した。

そしてクルリと振り返り、

「身体は楽器だと思ってください」と言った。

「えっ、楽器ですか」あやはキョトンとした顔をしている。

「そうです。声は身体で作り出すんです。トランペットがわかりやすいかな？　楽器を想像してみてくださいね」

トランペットは、マウスピースに息を吹き込まなくては音が出ない。その音は、息を強く吹いたり、細く吹いたりして調整する。息の加減で音のニュアンスを作り出す。そして、息の量を調節するためには、たくさんの息をコントロールする必要があるのだ。趣味でトランペットをかじっていたあやにとって、美幸のたとえはとてもわかりやすかった。

「確かに……身体は楽器か」

トランペットを始めた当初、あやは口の中いっぱいに空気を入れ、顔を真っ赤にしながら息を噴き出していたが、なかなかトランペットからよい音は出なかった。よい音を出すためには、口を「う」の形にし、マウスピースに軽く唇をあて、マウスピースの真ん中に息をまっすぐ吹き込む必要があった。

発声でも、深く長い息を出すためには、息を自由に操る腹式呼吸が必要だという。

「まずは難しく考えないで、たくさん息を吸うことから始めてくださいね。では、その吸い方を説明していきます。とても簡単ですよ」

美幸は、ホワイトボードに書かれた【腹式呼吸】という字の下に、

《**おへその下に息を溜める**》と書いた。

「お花やお料理など、いい香りが漂ってきたら、みなさんどうしますか。鼻を思いっきり開いて、いつもより多く息を吸いますよね。そのまま吸った息を、おへその下へ流し込んでいく感じをイメージしてください。そして、その息が満タンになったら、5秒止めます。それから、口を軽く開けてスーッと吐き出していってください。これを毎日1分くらい無理なく、継続するのが大切です」3人は、その方法をノートに控えた。

## ❷喉を開ける

「それから、声を出すときは、口を大きく開くというよりも、**喉を開ける**ことを意識したほうが通る声になり、喉に無駄な力も入らなくなります」

「『喉を開ける』ってどんなイメージですか」圭介が尋ねた。

「喉を含め、口の中に卵をまるごと入れるイメージです。丸く包むように上あごをあげて舌を下げます。この喉の状態が瞬時に作れるようになると、喉に必要以上に力が入らず、通

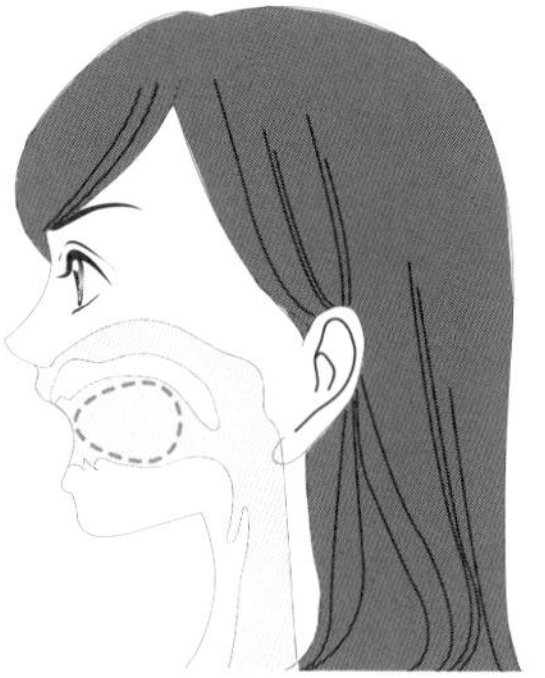

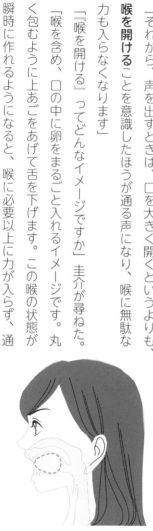

りやすい声が出ます」

ジェームズが卵を飲み込むしぐさをしながら、むせこんだ。

「どういうことですか。苦しいです」

「口の中は丸めていても、喉の奥を塞いでしまっているようですね。喉の奥も丸く開けるんです。このときの喉の形は、**あくびをするときの喉の形**に近いです。あくびのときは唇を閉じていても、喉の奥は開いている状態ですよね。あくびをするときに思わず『ふぁ〜』とよく通る声が出るのも、喉の形が響きやすくなっているからです」

「そうか。よくわかりました」ジェームズは「あくび」と言われてピンと来たようだった。

「喉に負荷がかかっているなぁと感じたら、『ふわぁ〜』とあくびをして喉のポジションを確認してみてね。喉に変な力が入らなくなると、長い時間話したり、歌ったりしても苦にはなりませんよ。喉に優しい声を目指しましょうね」美幸が白い歯を見せた。

## ❸母音のあいうえおを大切に

「次に、母音について学んでいきましょう」3人はうなずいた。

「口の形をしっかり作ることは、滑舌にもつながります。**日本語の基礎である『あいうえお』**

を丁寧に発するだけでも、印象はガラリと変わります」

美幸は、1つずつ母音を発声する際のコツを伝えていった。

「あ」は、縦にいっぱい広げる。
「い」は、唇を横へ引っ張る。
「う」は、唇をすぼめてしっかり前へ出す。
「え」は、「い」より下あごを引く。
「お」は、口を「あ」の形にし、唇は「う」にする。

3人は、1つずつ確認するように発音していった。

「口の開き具合で、声の通りは格段とアップします」美幸はそう言って続けた。
「母音の『あいうえお』がしっかり正しく発音されると、ことばの隅々まで丁寧に聞こえてきます。例えば、『よろしくおねがいします』にも、ひとつひとつに母音があります」

美幸は、ホワイトボードに
《よろしくおねがいします / yo̅ ro̅ shi̅ ku̅ o̅ ne̅ ga̅ i̅ shi̅ ma̅ s》と書いた。

3人は、母音を意識しながら発音した。美幸は説明を続ける。
「母音のときに口の形を意識します。でも、母音をひとつひとつ意識して話すと、音が途切れ途切れになってしまいます。ですから、瞬時に違和感なくスムースに口の形を移行させるようにしましょう。全体的に丁寧な話し方になります。この『あいうえお』の形をしっかり作るだけで、驚くほど伝わりやすい声になります」

## エッセンスのおさらい

### □通る声の出し方

声量のある話し方をするためには、腹式呼吸を身につける必要があります。まず、内臓が肋骨《ろっこつ》を広げるくらいに息を吸います。このとき下腹部まで空気が下りていくイメージで息を吸います。吸ったら5秒息を止めます。そして、みぞおちから下の部分がぺったんこになるまで息をゆっくり吐き出していきます。これを繰り返すことで自然と腹式で息が入るようになります。

話をしていてブレス（息継ぎ）の場所まで息が続かないと、聞きにくい声になるので、息の吸い方、出し方はしっかりコントロールできるようにしておきましょう。

同時に、声を出すときは喉を開けることも意識しましょう。

□母音の練習

母音を練習するときは、口の形をしっかり縦や横に広げるようにしましょう。

ゆっくりとした発音を心がけることで、聞きやすい話し方ができるようになります。

さらにくわしく

●息の瞬発力を鍛える練習法

日ごろから息の瞬発力を鍛えるようにしましょう。瞬発力には腹筋が必要です。ここでは、腹筋を鍛えるための簡単な練習方法を紹介します。

まず、口を軽く開け、舌の力を抜きます。そして、お腹に空気を入れるイメージで息を吸い、一気に「ハッ」と吐き出します。それを「ハッハッハッ」と1分ほど続けるのです。まるで犬が息をしているときのような息の使い方なので、**ドッグブレス**とも呼ばれています。

ヘソより下を意識して、下腹を出したり引っ込めたりすることで、下腹部を鍛えることができます。大笑いすることを「お腹がよじれる」と表現します。おかしくてお腹が痛くなるほど笑うことですが、腹筋が鍛えられている瞬間でもあるということです。

## ●あがらない心を作るための訓練法

人前で声を出すことに抵抗がある人は、声を出そうと思うと緊張してしまい、身体がこわばり、さらに声が出しにくくなってしまいます。なぜなら、心と体調と声は、密接に関係しているからです。そうならないためにも、「あがらない心」を作る必要があります。

「あがらない心」を作る方法として一番手っ取り早いのが、**慣れ**と**開き直り**です。まずは、人目に耐えられるようにしましょう。

身近な訓練法としては、居酒屋や定食屋での注文があります。つまり、率先して店員に声をかけるのです。ガヤガヤした中なので、なかなか気づいてもらえないことも多いでしょうが、そんなことでくじけていてはいけません。

通る声を作り出すには腹、とくに下腹の支えが必要になります。覚悟を決めた状態のことを「腹がすわる」と言いますが、緊張するような場に挑む際は、覚悟を持って臨む姿勢が大切だと言えるでしょう。

# 通る声を出すための準備

いきなり通る声を出すのは難しいものです。どのような心構えや準備が必要なのか、考えてみましょう。

## STORY

### ❶疲労と声の関係

レッスンがスタートしてから3週間ほどが経った。「通る声」に近づいているのか、あやはすこし不安でもあり、焦りもあった。そんな中、大学でもいろいろなレポート提出が重なり、バイトも忙しくなってきた。特に、バイトでは店長に頼られているため、欠員が出ると、すぐにあやの元へ連絡が来る。断れないあやの性格を知っているからだろう。そんな毎日を過ごしていたら、あやは声の調子が悪くなったような気がした。

レッスンが始まるとジェームズが嬉しそうに報告した。

「先生、今日大学の友達に『ことばが聞きやすくなった』って言われたんですよ。毎日お風呂に入っているときに、『あいうえお』の練習をやっているからかな。変化に気づいてもらえると、とても嬉しいです。ますますやる気になってきました」

「お風呂っていうのはいいですね」美幸は即座に賛同し、続けて言った。

「お風呂に入っているときは、リラックスした状態ですよね。身体も喉もリラックス状態にしておくのは大切ですよ」

「身体が疲れていると、声は出にくくなりますか」あやは、忙しい毎日ですこし疲労感があると訴えた。

「身体が疲れると声が出にくくなるというよりは、疲れると身体や喉に必要以上の力が入ってしまうの。身体も喉もリラックスした状態にしておくのが声にとってはベストで、常にその状態でいられると、いいですね」あやはうなずいた。

「疲労以外にも、人前で話をするときなど人は緊張状態になると、身体に力が入ってしまいます。すると胸も閉じて狭くなり、息がたくさん入らなくなります。息が入らないと、声も続きません。今日は『通る声を出すための準備』について学んでいきましょう」

## ❷身体をほぐす

「さぁ、みなさん。立ってください」美幸は身体をほぐす方法を４つ説明した。

「まず、肩と肩からつながる首を柔らかくしましょう。」

３人は美幸に言われたとおりに首をグルグル回した。右回りに10回、左回りに10回。

「突然行うと首筋を痛める危険もあるから、ゆっくり動かしてくださいね」美幸は言った。

「では、次です。腕を下ろしたまま、目一杯耳の近くまで両肩を引き上げましょう。首をすぼめるポーズで5秒キープ。そしてストンと両肩の力を抜いて腕を落とし、両腕をブラブラさせる。これを5セット」

３人は、肩を上へ持ち上げる動作に苦戦した。

「次に肩甲骨をほぐしましょう。肩に手を置き、肘で大きな円を描きます。内回り、外回り

グルグルまわします」美幸は指示を出した。

「凝りがほぐれますね」最近疲れがたまっているあやの身体からは、ゴリッと音が鳴った。


美幸はかなり身体が柔らかい。背中に腕を回して合掌している。

「わたしも万年、肩こりがひどくてね。でも、声を出すためには背中や肩甲骨など、身体を柔らかくしておいたほうがいいんですよ。いざっていうときには、このストレッチをするんです」

3人は四苦八苦しながらも、背中へ手を回し、それぞれ合掌ポーズを作った。

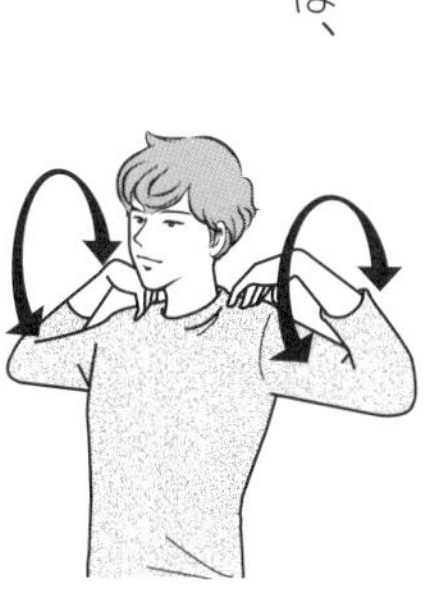

### ❸姿勢

「次は姿勢のストレッチです。肩の力を抜いたら、**背筋を伸ばします**。その時、身体が反ってあごが前に出やすくなるのですが、そうすると喉が狭くなるので、あごを引いて真っ直ぐ向くようにしましょう。そして**腰に上半身の体重を乗せます**」

美幸は3人の近くを見回り、続けて言った。

「では、そのままお尻を締めます。お尻のほっぺの部分です。ここに力を入れることで、下半身に意識がいくので、上半身の力が抜けていくんですよ。**重心は下へ、下へ**」

3人は、お尻を締め上げたまま、10秒キープした。美幸はさらに言った。

「その時、ヒザに力が入らないようにしましょう。すこし前傾になって、つま先に力が入るように、**重心を前へ移動させてください**」

やや前傾になると、あやは腹の下部にある筋肉がヒクヒクするのを感じた。

「つ、辛いです」あやが弱音を吐いた。

「ではみなさん、基本の姿勢をとってみましょう」

美幸は、3人の前に立ちふさがるかのように、堂々と仁王立ちして見せた。

「足は肩幅で、顔は正面。つむじから糸で上につられるマリオネット、つまり糸人形のように、真っ直ぐ引き上げられながらも、身体はブラ～ンという形にします。これが基本の姿勢なので、いつものポジションを心がけてくださいね」

　大真面目な顔で糸人形のモノマネをしている美幸の姿を、あやはすこしおかしく思った。

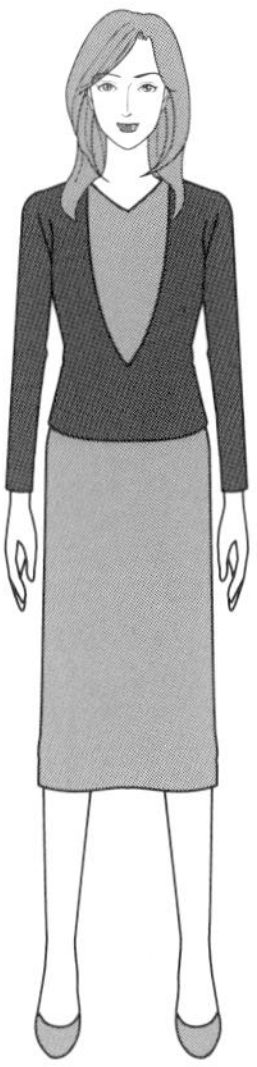

### ❹顔のストレッチ

「さぁ次は、顔のストレッチよ」美幸はエアロビのインストラクターみたいにノリノリだ。

「**顔を柔らかくしておく**ことも、とっても大切なんですよ。滑舌をよくするためには、顔の表情筋を柔らかくする必要があるので、毎日やってくださいね」

　美幸はその方法を４つ紹介した。

「まず、顔が上下に引っ張られているかのように、顔を縦に伸ばします。鼻の下も額も上下に引っ張ってください。『ムンクの叫び』の顔ですよ。そのまま、5秒キープ。その次は、目も口も伸ばしたパーツを中央の鼻へ向け、ギュッと縮めてください。そして5秒キープ。

これを5セットです」

　最初は3人とも恥ずかしそうにやっていたが、最後のほうになると、あまり人目も気にならなくなっていた。

「2つ目はアッカンベーです。舌を前に出したり、引っ込めたりしてください。これを20回です」
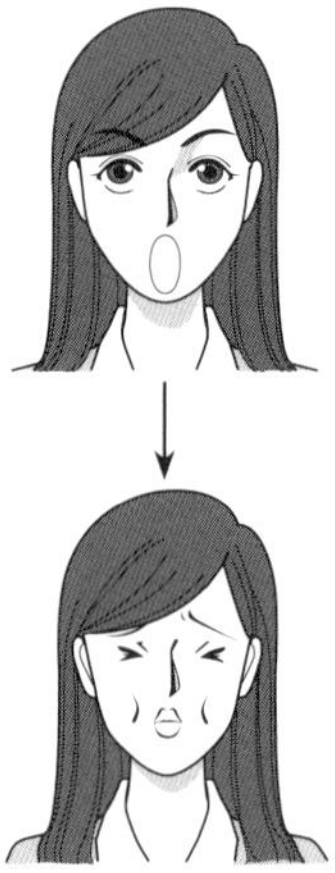
　3人とも段々と舌が疲れてくるのがわかった。
「3つ目です。思い切りの笑顔を6秒キープします。次に、右側だけ笑顔で口の端はなるべく目に寄せてください。つまり、口角を右だけ上げるのです。これで6秒キープ。そして、左側だけ笑顔で口の端はなるべく左目に近づけるよう引き上げて6秒キープです。これを5セットです」

「最後です。口を軽く閉じ、舌で前歯の上から内頬、下の歯、内頬とグルリと1周なめまわ

していきます。いわゆるゴリラ顔を作りながら舌で口の中をなめまわすのです。右回り5回、左回り5回です。さぁ、やってみましょう」

すべてのストレッチを終え、みな顔全体に疲労感が漂っていた。

「これを毎日やってみてくださいね。本を読みながらでも、テレビを見ながらでも、できるでしょ？　柔軟に動かすことに慣れてくると、緊張しても顔がこわばらないようになるし、口や舌の回りもよくなるんですよ」

そうしているうちに、あやの肩こりがすこし緩和されてきた。

「そっか。心も身体もリラックスが大切なんだ」声が出やすくなってきていることに、あやは気づいた。

「そう。リラックスと言っても、ダラ～ンとするリラックスではなくて、こわばった緊張状態から緩めるという意味でのリラックスです。身体に馴染むまでしばらく続けてくださいね」

美幸は最後にそうつけ加えた。

＊＊＊

レッスン受講後、あやは時間を見つけては、これまでに学んだ腹式呼吸や滑舌練習、ストレッチなどを行った。特に、バイト先は、これらを実践するうえで打ってつけの場所だった。

その日も、バイト先のカフェで、通る声を意識していた。すると、いつもお店に来る年輩の常連さんがあやのそばへやってきて
「最近のあやちゃん、ハキハキしていてすごくいいね。何かいいことでもあったんでしょう」

なんて言ってきた。

「またまたぁ〜佐々木さんったら」と返したあやだったが、こうも印象が変わるのかと驚き、そして嬉しさを感じていた。

「このまま実践すれば、面接もうまくいくかも。もっと先生からいろいろ吸収しなきゃ」

そう心の中でつぶやき、あやは次のレッスンが待ち遠しくなった。

## エッセンスのおさらい

**□身体をほぐすストレッチ**

身体をほぐすために次のストレッチを行ってみましょう。

①首をゆっくりまわす。
②肩を上げ下げする。
③肩に手を置き、肘をゆっくり回す。
④背中の後ろで合掌し、キープする。

□基本の姿勢

足は肩幅で、顔は正面を向きます。そして、つむじから真っ直ぐ引き上げられながらも、身体の力は抜きます。これが基本の姿勢です。

□顔のストレッチ

顔をほぐすために次のストレッチを行ってみましょう。

①顔を上下に伸縮させる（5回ずつ）。
②笑顔を作り、そのあと顔の左右片方だけを動かす（5回ずつ）。
③舌を前に出す（20回）。
④口を閉じ、舌を口内で1周させる（右周り左周り5回ずつ）。

□表情筋を鍛えよう

顔の表情筋を日ごろ使わない人は、固くなりやすいです。表情を作り出す筋肉はつながっています。滑舌をよくするためには顔の表情筋を柔らかくする必要があります。

## さらにくわしく

### ●音を響かせるための練習法

響きがよいと、声は通ります。鼻腔や口の中で音を響かせ、振動させることを意識しましょう。**鼻腔の中で音を響かせる練習として、ハミングが効果的です**。

例えば、Nの音（「んー」）だけを使って、ハミングをします。その際、唇は軽く閉じ、上下の歯はすこし隙間を開けて、かみ合わせないようにします。そして、鼻と眉間の間に音をぶつけるように、「んーんーんー」と伸ばしながらハミングしていきます。鼻腔に響いたときは、その場所を体感で覚えておくとよいでしょう。

## 1-4 聞き手を引き込む声

聞き手を引き込むためには、どのような話し方を意識すればよいでしょうか。考えてみましょう。

### STORY

#### ❶声で話に表情をつける

「ふぅ」自然と息が声になって漏れた。

あやは、大学の就職課が行う面接練習を終えたばかりだった。

昨日は夜遅くまで自宅で練習し、内容を頭に叩き込んでいた。こんなに集中したのは久しぶりだった。担当の面接官は就職課の職員だが、かなり厳しい意見を言うと聞いている。昨夜から緊張し、眠気も来なかった分、夜遅くまで寝ずに面接の自主練習をし、志望動機や自己PRを懸命に頭に叩き込んできた。

そして今、模擬面接が終わった。

就職課の職員を前に、伝えようと思っていたことは、一通り伝え切れたと感じていた。ことばの発声もきちんと意識できた。

模擬面接が終わった学生たちは、待ち合いスペースで数人ずつのグループになっていた。どんな質問をされたか、いかに緊張したか、などを語り合っている。

「橋本さん、どうぞ」10分ほどすると事務的な声で窓口へ呼ばれた。先ほどの模擬面接では、項目ごとに評価ポイントが設定されている。あやは評価が記されたシートを受け取り、声・話し方に関するアドバイス欄を読んだ。

《声は聞きやすいのですが、話し方が一本調子です。感情を込めて伝えましょう》

「え？　なぜ？　あんなに練習したのに……」自信を持って挑んだ模擬面接だっただけにショックだった。

＊　＊　＊

その日の夜、あやは美幸に悔しさをぶつけた。そして、一通り美幸の前で模擬面接の再現を行った。

「確かに、とてもよくまとまっている。しっかり言いたいことを暗記してきたのも伝わってきますよ」

「そうなんです。結構がんばったんです。がんばって覚えたのに、感情がこもってないと思われたなんて、残念で……」

美幸はあやを労り、こう言った。

「あやさん、がんばって覚えたということはよくわかります。でも、覚えたことを間違いなく、しっかり再現しようということに集中しちゃっているの。だから、一本調子に聞こえてしまうんですよ」

「一本調子に聞こえました?」

美幸は残念そうな顔をし、うなずいた。

「話に表情をつけることで、相手に感情が伝わりやすくなるの。会話では普通に話をしているようでも、実は同じリズムでは話していないんですよ。**感情を乗せて話すと、リズムがついてくる**ものです。緊張していたり、いつもと違う環境で話していたりすると、かしこまってしまい平坦な口調になってしまいます。相手にしっかりと伝えるためには感情を乗せなくてはなりません。そうしないと、相手の心を揺さぶるような話はできないんですよ」

「じゃあ、感情を乗せるためにはどうすればいいんですか」あやは尋ねた。

「ここで大切になってくるのが、**抑揚**や**強弱、緩急**や**間の置き方**なんです」

「どうすれば、身につけられるんでしょうか」さらにあやは尋ねた。

## ❷聞き手を引き込む声とは？

「それじゃあ今日は、抑揚、強弱、緩急、間の取り方、4つのテクニックを見ていきましょう。これらは、聞き手を引き込むための大切な要素です」3人は大きくうなずいた。

「1つ目は**抑揚をつける**。抑揚とは、イントネーション、つまり声の調子を上げたり下げたりすることです。単調な話し方になりやすい人は論理的に映る反面、面白みがないと感じられてしまいます。そうならないためにも、抑揚を意識して話してください」

「2つ目は**強弱をつける**。声を強くしたり弱くしたりするのです。声を強くすることで、特定の部分を際立たせることができますし、また、あえて声を弱くすることで、聞き手の注意を引くこともできます」美幸は続ける。

「3つ目は**緩急をつける**。緩急とは、文字通り緩やかなことと急なことです。一定の速度で話しているときに、スピードが速まってくると感情の高揚感が伝わり、逆にスピードが落ちると重量感が出てきますね。緩急をつけることで、自然と聞く側も重要度やストーリーを感じるのです」3人は真剣に美幸の話を聞いていた。

「最後は**間を置く**。大切な部分の前後には、思い切って間を取るようにしましょう。そうすることで、聞き手はその箇所を深く噛みしめることができます」

### ❸プロミネンスを置く

「これらのテクニックを使うことで、『プロミネンス』を置くことができます」

「プロミネンスを置くって何ですか」圭介は聞きなれないことばを聞き返した。

「**強調したい特定の部分を際立たせることです**。具体的に言うと、**強調したい部分に高低差をつけたり、強調部分を強く発音したり、ゆっくり言ったりする**ことで、プロミネンスを置くことができます」

「『私は夏が大好きです』という例文でプロミネンスを考えてみましょう。例えば、この文の『私は』という部分にプロミネンスを置けば、主語が強調されます。『夏が』という部分にプロミネンスを置くと、季節が強く伝わります。『大好き』にプロミネンスを置けば、好きな気持ちを際立たせることができます。ぜひプロミネンスを置くことも意識してみてください」美幸は締めくくりに言った。

## エッセンスのおさらい

### □声の抑揚、強弱、緩急

声の抑揚、強弱、緩急で説得力が増す人もいれば、聞き取りにくく自信がなさそうだと思われてしまう人もいます。発声や発音を意識して、表情のある声を目指しましょう。

### □間の取り方

重要な部分の前後には、間を置くようにしましょう。間を取って話をすると、聞き手の注意を引くことができます。適切な間が「聞かせる間」につながります。

### □プロミネンス

強調したい特定の部分を際立たせることを「プロミネンスを置く」と言います[17]。どこの部分を際立たせるかで、伝わり方にも違いが出てくるので、発話をする際は、どこにプロミネンスを置くかを意識してみましょう。

例えば、話の中で強調したい箇所は、それまでの声量より「大きくする」だけでなく、「ヒソヒソ話す」など小さい声を使ってみてもよいでしょう。

## さらにくわしく

### ●間の効果

大阪大学の心理学者である中村敏枝氏[16]は、「間」に関する先行研究を見直し、間が短いスピーチは聞き手の評価を下げることを報告しています。また、**重要な部分の前に間をやや長めに取ったり、重要箇所の後ろに間を長く置いたりする**ことで、スピーチの印象がよくなることも確認しています。ほかにも、対人場面では、**話す順番（ターン）を交替する際に取られる適切な間**が、相手に好印象を与えることも報告しています。

研究結果を見てみても、間はコミュニケーションを進めるうえで、重要な要素であることが確認されています。特に、**持ち時間が限られている場合や、緊張している場合などは、早口になり、間を取らないで話してしまいがち**です。人前で話す際は、間を意識しましょう。

生き生きと伝えるためには、
どのような工夫が求められるでしょうか。
考えてみてください。

## STORY

### ❶生き生きと伝えるには？

あやは焦っていた。来週には「ジャパニーズ・エアウェイズ」の1次面接があるからだ。日系航空会社のジャパニーズ・エアウェイズは、あやにとって第1志望の航空会社だ。伝え方講座で声の出し方を十分に理解し、プライベートでも意識して過ごした。しかし、それだけで本当に大丈夫だろうか？　あやはすこし不安を感じていた。レッスンの初めに、あやは美幸へ質問をぶつけた。

「先生、近々面接があるんです。声以外に大切な要素はないでしょうか」

「面接が差し迫ってきたんですね。不安ですよね。それでは、面接を乗り切るためにも、不安な感情を面接官に悟られないためにも、今日は生き生きと伝えるためのポイントを伝授しましょう」

「どうするんですか」圭介も尋ねてきた。

「1つずつ説明していきますね」

**❷ジェスチャーを取り入れる**

「まず1つ目は、ジェスチャーです。**相手の脳内で視覚化させたいものには、積極的にジェスチャーを取り入れましょう**」

「例えば、どんなときですか」ジェームズは問いかけた。

「例を使って考えてみましょう。ジェームズさんはペットを飼ったことがありますか」

「あります。実家では猫を飼っていました」

「その猫についてことばだけで説明してくれますか」

「子猫のときから飼っていました。最初は、手のひらに収まるくらい小さかったです。今は

10歳になりました。どっしりしていて、とても風格が出てきました。色は白で、人懐っこくて、とてもかわいいです」

「今のでどんなイメージを持ちましたか」美幸はあやに尋ねた。
「真っ白で大きな猫を想像しました」
「そこまで大きくないんだよなぁ」とジェームズは笑いながら答えた。すかさず美幸が
「では、次に手で大きさを示しながら、説明してみてください」と言った。

「子猫のときは手のひらに収まるくらい小さかったです」そう言いながら、ジェームズは、水をくむような仕草をして、両手で大きさを示した。
「あまりにも小さくて、最初はちゃんと育つか心配でした。でも、今はこのぐらいになったんです」そう言って、ジェームズは胸の前で両手を大学ノートくらいの大きさに広げた。

「今の話を聞いてどうでしたか。より具体的に、頭の中で大きさがイメージできましたよね」
あやと圭介は「なるほど」とつぶやいた。

「このように、ジェスチャーはことばを『見える化』させる効果があるんです。例えば、子猫の大きさを示したときには、サイズだけでなく、猫に対する愛おしさも伝わってきましたよね。そして、10歳になった猫は、あやさんが想像していたほど大きくはなかったのですが、ジェームズさんにとっては、あんなに小さな子猫がノートサイズにまで成長して、喜びがあったからこそ、『風格が出てきた』と表現したのでしょう。このように、**ジェスチャーはことばを補う効果**があるのです」

「ほかにも、ジェスチャーを効果的に使う方法があります。それは誘導です。例えば、スピーチやプレゼンなどにおいて、**聞き手の目線を誘導させたいときに使います。**

『こちらをご覧ください』

『この部分に注目してください』

と言うときに、手を使って指し示すことで、より効果的に注意を引くことができます。この際、注意するのは、手の位置を腰から上にし、ゆっくりジェスチャーを行うことです」

**❸ボキャブラリーを増やす**

「2つ目は語彙、つまりボキャブラリーです」

「難しいことばをたくさん覚えたほうがいいってことですか」ジェームズは尋ねた。

「ボキャブラリーを増やすというと、難しいことばをいくつも覚えたほうがいいのか、と誤解されてしまいますが、それは逆効果になりかねません。そうではなくて、**わかりやすく、シンプルなことばのバリエーションを増やす**ようにしましょう。これは、テレビを見ているときや、本・新聞を読んでいるときに、内容を楽しむだけでなく、どんな表現を使っているか、ということにも意識を向けるのです。例えば、『猫』1つ説明する場合にしても、さまざまな表現が可能ですよね。どのように猫が描写できますか。じゃあ、圭介さん」

「うーん、『かわいい猫』『愛らしい猫』『気まぐれな猫』とかですかね」

「形容したり、修飾したりすることで、同じ猫でも個性が出てきますよね。また、表現している人の感情も伝わってきます。こういったことばを日ごろから積極的に使っていくようにしましょう」

そして、美幸は最後にこう言った。

「何よりもその場を楽しむことよ、あやさん。面接ではいつもの笑顔、相手にわかりやすいことばと表現を意識して楽しんできてね」

＊　＊　＊

レッスンから5日後。

あやは、第1志望であるジャパニーズ・エアウェイズの1次選考に挑んでいた。受験者5名、面接官3名の集団面接だ。座ったままでいいので、1分以内で自己PRをするようにと言われている。あやは、3番目だ。徐々に順番が近づいてくる。心の中で「たくさんレッスンを受けて、練習したんだから絶対大丈夫!」と自分を勇気づけ、美幸の「楽しんできて!」ということばを思い返し、奮い立たせていた。

そして、いよいよあやの番が来た。


「橋本あやです。学業とアルバイトについてお話しします。

大学で観光学を専攻しております。授業では国際観光や旅行産業、ホスピタリティなどの科目を履修し、観光をとおして、国と国、人と人の交流をどう深めていけるかを学んでいます。

また、現在カフェでアルバイトをしており、お客様に喜んでいただくためにはどうすればいいかを店員同士で考えながら行動しています。例えば、お客様の人数、食べるスピードなどを踏まえ、料理を提供するタイミングを見計らったり、店内の内装やレイアウトを定期的に変えるよう提案し、お客様を飽きさせないお店作りを意識したりしています。それらの甲斐もあり、以前と比べて常連のお客様は増えました。

以上のように、大学で学んだことと学生時代の経験を活かし、御社に貢献したいと考えております。どうぞよろしくお願いいたします」

今まで習った声の出し方はもちろんのこと、ジェスチャーやわかりやすいことばにも意識を向けながら話すよう努めた。こんな調子で面接は30分ほど続いた。

＊＊＊

数日後、1次選考の結果がウェブ上のマイページに届けられた。

結果は「通過」。

あやは、両手で握りこぶしを作って喜びを噛みしめた。しかし、まだまだ先の長い選考を思い、ゆるむ顔を引き締めた。

## エッセンスのおさらい

### □ジェスチャーで楽しさは伝染する

単にことばを発するだけでなく、ジェスチャーを使うことで、聞き手に対して視覚的に内容を伝えることができます。

ここで気をつけることは、話とジェスチャーが合致してこそ、相乗効果になるということです。ちぐはぐだとコミュニケーションを阻害するノイズとなります。小さな動きは中途半端でわかりにくいので、思い切って普段より大きく使ってみましょう。

### □相手に伝わるボキャブラリーを増やす

豊かな知識を持っていても、ことばで表せないと人には伝わりません。わかりやすく、そして相手に伝わるようなことばのバリエーションを増やすよう意識しましょう。

## さらにくわしく

### ●言語コミュニケーションと非言語コミュニケーション

言語によるコミュニケーションを言語コミュニケーション（verbal《バーバル》 communication《コミュニケーション》）と言

うのに対し、言語によらないコミュニケーションを**非言語コミュニケーション**（**non-verbal**《ノン バーバル》 **communication**《コミュニケーション》）と言います。アメリカの心理学者ポール・エクマン氏とウォレス・フリーセン氏[31]は非言語による動作を次の5つに分けています。

①**表象動作**（**emblems**《エンブレムズ》）：ハンドサインやボディーランゲージなど、語句の代わりとして機能する動作のこと。

②**例示動作**（**illustrators**《イラストレーターズ》）：手で大きさを示す、「3」と言って3本指を立てるなど、発話の内容を強調・説明するために挿入される動作のこと。

③**感情表出動作**（**affect displays**《アフェクト ディスプレイズ》）：表情や顔色など感情によって引き起こされる動作のこと。

④**調整動作**（**regulators**《レギュレーターズ》）：視線や相づちなどコミュニケーションを維持・中断するために行われる動作のこと。

⑤**適応動作**（**adaptors**《アダプターズ》）：顔に触れる、足を組むなど、コミュニケーション中に付随して行われる動作のこと。

　これらの非言語コミュニケーションも、聞き手の理解を促す重要な要素となるので、意識を向けるようにしましょう。

## ●日本語の語種

語を起源・由来別で分けたものを**語種**と言います。日本語の語種は全部で4つです。1つずつ確認していきましょう。

①**和語**は「きまり」「はじめ」のように、日本固有のことばです。いわゆる大和言葉です。

②**漢語**は「規則」「開始」などのように、中国から入ってきたことばです。

③**外来語**は「ルール」「スタート」のように、中国以外の外国から入ってきたことばです。カタカナ語とも呼ばれます。

上記のことばは、ほぼ同じことを指していますが、語種としては異なるのです。

④**混種語**は①②③が組み合わさったことばです。例としては、②漢語と③外来語を組み合わせた「再スタート」や、①和語と②漢語を組み合わせた「きまり文句」などがあります。

わかりやすさの観点から語種を考えてみましょう。次の文を比べてみてください。

①〈和語〉 手紙を書く。

②〈漢語〉 書簡を執筆する。

③〈外来語〉 レター・ライティングをする。

3つとも述べている内容は同じです。しかし、老若男女誰にでも伝わるのは①だと感じたのではないでしょうか。このように、**わかりやすく伝える必要のある場面では、できるだけ和語を使って話すことを心がけてみましょう**。ちなみに、日本語を母語としない外国人が日本語を習う場合においても、初期段階で多くの和語が学ばれます。

## ●幸福度と語彙力

「現代人の語彙に関する調査[21]」では、主観的幸福度と語彙力の関係を分析しています。調査協力者に「自分がどのくらい幸せか」を0から10で評価してもらったところ、**幸福度が高い人ほど、語彙力も高い傾向にある**ことが判明しました。

語彙が豊富であれば、自身の思いや考えを適切に言語化できますし、自己理解やコミュニケーションなどを深めていくこともできます。

幸福感と語彙力が関係している背景には、そのようなことも理由として考えられるでしょう。

# 第2章

# 聞き手の心をつかむスピーチ・プレゼンの極意

## わかりやすい文で述べる

聞き手にきちんと理解してもらうためには、どうすればよいでしょうか。考えてみてください。

### STORY

### ❶誰のためのスピーチ・プレゼンですか

「方向性はよかった。企画の軸が伝わりにくかったんじゃないのかな」

上司である和田のことばが頭をよぎる。方向性は間違っていない。それは圭介にとっては励みのことばだった。頭の中で繰り返し思い起こしていた。

圭介は、中堅文房具メーカーであるマキノの企画部商品企画課に所属している。子どもの頃から身近にある文房具、特に消しゴムやペンが好きだった。文房具によって単調な教科書やノートがカラフルに彩られていくのが楽しかったし、バリエーションが豊富なのも魅力の1つだった。授業の中で先生が話した印象的なコメントや、教科書の中の重要語は色を変えて表記したり、ノートの使い方も内容ごとに分けたりし、圭介なりのこだわりを持って使っていた。

昨今では、マス目がついた大学ノートや消せるペンが大ヒットし、世の中でも文房具ファンが急増している。年に1度、新作や人気商品を出品する大規模な展示会が開かれており、一般の人にも大人気だ。入場料を払ってでも参加したいという人たちが行列をなしている。

圭介も自分のこだわった文房具でヒット商品を生み出したいという熱意に燃え、マキノに入社した。そんな中、上司の和田からの後押しで、社内プレゼンの機会を与えてもらえたのだ。

圭介は1カ月かけて準備し、4つの案を練り出したうえで、最終的に1つに絞った。

それが速乾性のある修正液だ。液の乾きが遅いため、修正液が手についたり、ノートの紙に貼りついたりするという不便性を、圭介は学生時代から感じていた。液体の粘度を下げて、速乾性のものがあると便利だろうと考えていたことを思い出し、企画書にして提出すると、選考を通りプレゼンの実施まで進んだ。

プレゼンのチャンスは3回。却下されない限りは改善を加えて再度プレゼンしてもよいことになっている。今回すぐに却下されなかったのが、せめてもの救いだ。

「プレゼンで成功したいんです。一番気をつけることは何でしょうか」

圭介はレッスン開始早々、もっとも聞いてみたかったことを美幸にぶつけた。

圭介の勢いにみんなも身を乗り出す。美幸はゆっくり見回した。

「一番っていうのは難しいですね。プレゼンやコミュニケーションは生モノですからね。場面や状況によって一番は変わるけど、もちろん基本はありますよ。その基本を臨機応変に使いこなしていけばいいんじゃないのかな。1つずつレッスンで説明していきますね」

大きくうなずく一同に、美幸はすこし微笑んで続けた。

「では、まず質問します。何のためにプレゼンテーションをしていますか」3人とも宙を仰ぐ。スピーチ・プレゼンの場を思い浮かべているのだろう。

「自分の伝えたいことを真っ直ぐに伝えるためかな」あやが言った。

「僕は、調査や研究の結果を発表しているから、自分の成果報告のためでもあるし、出席者に情報を伝えるから、相手のためでもあるかな」とジェームズ。

「私は、商品の魅力を余すことなく伝えるためです。魅力を目一杯伝えているのですが、軸が伝わらないというようなことを上司に言われてしまって、何が足りないのか、今迷ってしまっています」圭介は口をすぼめ、不満を顔に表した。

「そうね。みんなに共通しているのは、誰かに何かを伝えたいっていう気持ちね。それが1人だろうが多数だろうが、プレゼンテーションの場って、相手があってこそですよね」

そこで美幸はすこし間を置いた。

「**聞いてくれる人の立場になって話す**ことを忘れてはいないでしょうか。相手の立場に立って話すってことがどういうことか、考えていきましょう」

## ❷結論は先に

「『好きな色』というテーマで話してもらいましょう。じゃあ、圭介さんお願いします」

圭介はすこし考えてから、話し始めた。

「私はファッションが大好きで、いろいろなワイシャツやネクタイを持っているんですけど、子どものときは青系の服をよく着ていたので、当時、青が好きだったんだなと思います。でも、高校生のときは黒が流行っていて、持っている服は黒が多くて、全身真っ黒だったこともあります」


「ん？　それで、今は何色が好きなんですか」ジェームズが率直に尋ねた。

「あ、青です」圭介は苦笑いして言った。

「それはいいツッコミね！　そうよね。青と黒が出てきたことはわかるけど、今は何色が好きかをまっ先に知りたいですもんね」美幸が続けた。

「聞く人はいち早く答えを知りたがっています。発表の場では、まず結論から伝えることが重要です。**話す内容の結論や、質問の答えを先に言っておく**のです。すると**聞き手の疑問はいち早く解消される**わけです。だから、圭介さんのスピーチは『私の好きな色は青です』と最初に伝えるとわかりやすかったんですね。そのあとに、理由やエピソードなどを織り交ぜて話せば、聞き手の頭には『圭介さんは青色が好きだ』という情報が確実に残っているので、理解しやすくなります。これは面接でも同じです。さまざまなシーンで使えますよ」

## ❸長短を織り交ぜよう

美幸は続けて説明した。

「スムースに耳に入ってきて、理解しやすい発表や会話には、**伝える工夫**が折り込まれています」3人は真剣なまなざしで聞いていた。

「単調な口調で長い話をされると理屈っぽく聞こえ、つまらなく感じてしまいます。声の調子や間なども大事ですが、印象に残したいことばやフレーズは**短い文にして、パンチを利かせるようにしましょう**」3人がノートに書き留めたのを確認し、美幸は続けて言った。

「よく『短いことばで伝える』と言われますよね。でも、すべてが短文だと、ぶつ切りで稚拙な印象になってしまいます。一問一答のように感情が感じられなくなってしまうんです。1分を超えるようなスピーチやプレゼンでは、状況・概要の説明やエピソードなどは長文になりますが、抽象的な内容が具体的に伝わるというメリットがあります。その中で特に印象づけたいものは短文にしてみるのもいいでしょう。この長短2つを織り交ぜると、表情の出る話ができます。変化をつけると、そこにリズムも生まれてきます」3人は深くうなずいた。

## ❹話にも思いやりを

「日常の会話では語尾を濁して話すことが多いですよね」さらに美幸は続けた。

「プレゼンや打ち合わせなど、パブリックな場では、**文末までことばを言い切る**ようにしましょう。

『先ほどご連絡いただいた件ですが……』

『資料の作成が終わったのですが……』

などと最後が言いかけの文よりも

『先ほどご連絡いただいた件の回答でお電話いたしました』

『資料の作成が終わりました。ほかに御用はありますか』

のように、文末までしっかり話すと、堅実な印象や、丁寧な扱いを受けたという感じを与えられます」3人は一生懸命、美幸の説明をノートに取っている。

「年配の方の中には、少々聞こえが悪くなっている方もいるので、モゴモゴと語尾を濁してしまうと、とても聞きづらいのです。『ん?』『え?』と聞き返すことも多くあります。この聞き返すという行為も相手にとってはかなりのストレスになります。パブリックな場での話では、相手によりよく伝えられるよう、聞きやすい声と同時に、最後まで言い切ることも心がけましょう」美幸はこれを「話し方の思いやり」と言った。

さらに、気をつけてほしいこととして、美幸は次の2つをホワイトボードに書いた。

> ＊誰について話しているのか
> ＊何について話しているのか
>
> を省略しないで言う

「日常会話では省略してしまいがちですが、省略されたままだと、聞いているほうが理解するために脳をフル回転させなくてはなりません。そうなると話を聞いていても疲れてしまいます。『**誰が、何が、誰に、何を、どうする、どうなる**』などを明確に導くようにしましょう」

圭介はハッとした。そうか。プレゼンテーションの場では、相手のために、相手にとってわかりやすくなるように、こちら側が心を配る必要があるのか。

次のプレゼンで取り入れようと決め、圭介の脳内ではあれこれとひとり会議が始まった。

## エッセンスのおさらい

### □結論は最初に

プレゼンの場では、まず結論から伝えることが重要です。最初に大切な情報を伝えておけば、そのあとに、理由の説明やエピソードなどが来ても、聞き手の脳裏にはきちんと結論が残っているので、理解しやすくなります。

### □長文と短文を効果的に使おう

重要な部分では、シンプルなことばや短い文を心がけましょう。しかし、すべてが短い文の集まりになってしまうと、聞いている人にとっては逆に理解しにくくなってしまいます。状況やイメージの説明は長い文を使い、最も伝えたい部分や理解してもらいたい部分はシンプルかつ端的に伝えましょう。長短を組み合わせていくと、端的に表現されたことばが際立ちます。

### □ことばの最後まではっきり言おう

モゴモゴと文末を濁してしまうと、聞き取りづらくなってしまいます。相手にきちんと伝わるよう、最後まで言い切ることを心がけましょう。あわせて、省略は避け、「誰が、何が、誰に、何を、どうする、どうなる」などを明確に導くよう意識しましょう。

## さらにくわしく

### ●わかりやすい文による効果

プリンストン大学の心理学者ダニエル・オッペンハイマー氏[36]は、読み手が複雑な文や難解なことばで書かれた文を読んだ場合、「受け入れられない」と判断することを実験結果から報告しています。

これに関連してプリンストン大学の認知心理学者ダニエル・カーネマン氏[4]は、説得力のある文章を作るためには、**簡単なことばを使い、文をシンプルにして覚えやすくしたほうがよい**と述べています。

難解なことばを使って相手から関心を得ようとしても、むしろ反感を買う恐れがあるので、できるだけシンプルに、そしてわかりやすいことばで説明することを意識しましょう。

## ●クライマックス型とアンチ・クライマックス型

アメリカの心理学者ハロルド・スポンバーグ氏[41]は、話の組み立て方を**クライマックス型**と**アンチ・クライマックス型**の2種類に分類しています。今回のストーリーでは、美幸はアンチ・クライマックス型について説明していました。両者の概略を以下に記します。

| クライマックス型 | | アンチ・クライマックス型 |
| --- | --- | --- |
| 最後に主張（結論）を持ってくる | 主張（結論）の位置 | 最初に主張（結論）を持ってくる |
| 十分な発表時間がある場合に適する | 発表時間 | 十分な発表時間がない場合に適する |
| 聞き手の感情に訴えかける | 訴えかける対象 | 聞き手の論理性に訴えかける |
| 聞き手が内容に関して興味・関心・背景知識を持っている場合に適する | 興味・関心・背景知識 | 聞き手が内容に関して興味・関心・背景知識を持っていない場合に適する |

# 主張と根拠はセットにする

主張はどのように述べると、
説得力が増すのでしょうか。
いつも心がけていることを挙げてみましょう。

## STORY

### ❶主張の述べ方

圭介は、前回の企画コンペを振り返っていた。速乾性の修正液は企画としてはよいはずだと確信している。しかし、プレゼン後に参加者が放った一言が脳裏に焼きついていた。

「プレゼンを聞いてみても、説得力がないんだよね……」

説得力がなければ、企画もうまく通らない。思い切って圭介は美幸に尋ねてみた。

「先生、説得力のあるプレゼンをするためにはどうすればいいのでしょうか」

「今回は説得力について考えてみましょうか。みなさんは普段、どのように自分の意見を述べたり主張をしたりしていますか」

「え？　主張の仕方ですか。何だろう？」と戸惑う圭介に美幸が助け舟を出す。

「何でもいいですよ。例えば、友達とレストランを決める場面で、もし圭介さんに行きたいお店があったとしたら？」

「あ、私はあまり食にこだわりがないので、自分から提案することは少ないんですが、『昨日、何々を食べたばかりなので、こっちにしようよ』みたいに言ったりすることはあります」

「なるほど。ジェームズさんは？」

「僕は『ネットでの評価がいいから、このお店へ食べに行こう』と言うことが多いです」

「じゃあ、あやさんは？」

「ついこの前、友達とランチのお店を決めるときに『この期間限定メニュー、おいしそうだから、ここにしてみない？』って言いました」

「3人とも共通した主張の仕方をしていたのですが、気づきましたか」

「え？」まったく異なることを言っているはずなのに、「共通している」と言われ、あやはキョトンとした。それを察したのか、美幸は続けて言った。

「内容ではないですよ。主張の仕方です。つまり、どういう構成になっているか、ということです。あやさんの発言を例に取って考えてみましょう。あやさんは『おいしそうだから、ここにしない?』と主張していました。もしこれが『ここにしない?』だけだったとしたら、どうでしょうか」

「友達は心の中で『なんで?』って思うかもしれません」とあやが答えた。

「そうですね。同じようにジェームズさんも『評判がいいから』と理由を述べており、圭介さんも『昨日食べたばかりなので』と理由を言っています。もしこれがなかったとしたら、聞き手は『どうして?』と思う可能性が高いです。無意識だったかもしれませんが、みなさんの主張には根拠が添えられていたのです」3人はうなずいた。

### ❷根拠の重要性

「私たちは日常生活のさまざまな場面で理由づけを行っています。**自分の主張に理由や根拠を加えることで、説得力が高まる**からです。言わば、主張はお神輿《みこし》で、根拠は担ぎ手です」

「先生、どういうことですか」ジェームズが尋ねた。

「お祭りのとき、お神輿を移動させるためには、担ぐ人が必要ですよね。つまり、担ぎ手というのはお神輿を支えて移動させるためには必要不可欠な存在なのです。それと同様に、**根**

**拠というのは主張を支えるためにはなくてはならない重要な要素**なのです」

「そういうことか」ジェームズが言った。

「ええ。ですから、意見を主張するときには、**どれだけ説得力のある理由や根拠を提示できるか、がカギになってきます**。しかも、**理由や根拠は複数用意しておくことで、主張はさらに強力になります**。お神輿の場合でも、少数のひ弱そうな人たちが支えていたとしたら、落としてしまいそうでヒヤヒヤしませんか。一方で、たくさんのマッチョな人たちが支えていたらとしたら、まず落ちないだろうと安心できますよね」

そう言って美幸は二の腕に力こぶしを作って見せた。

▶主張と根拠の関係

## ❸面接の場面で活かす

「あやさん」と美幸が呼んだ。

「例えば、あやさんが志望する航空会社の面接で『あなたの長所は何ですか』と聞かれたとしましょう。どのように答えますか」

「えーと……何でしょう……」美幸は何も言わず、あやがことばを発するのを待った。

「うーん、面倒見がいいところですかね」

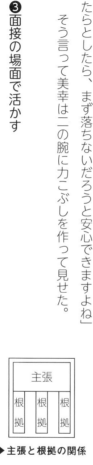

「それが主張です」間髪入れずに言った。

「続けてあやさん。何か聞き手が納得するような理由や根拠はありませんか」

「理由や根拠ですか……」

「何でもいいんですよ。例えば、アルバイトでの実績とか何かありませんか」

「実績？　あ！　あたし、カフェでアルバイトをしているんですが、新しく入ってきたバイトの後輩が接客業に慣れていなかったので、接客のしかたを教えていたら、その様子を見た店長から『教え方が丁寧だし、面倒見もいいから、これからは後輩の指導係をお願いするね』って言われたことがあります。そして3年の間に、10人以上の指導係を担当し、38ページの新しい接客マニュアルも作りました」

「そうそう、そんな感じです。店長に指導係を任されて、マニュアルを作成したというのは、確固たる評価実績ですから、主張の説得力は高まります」

「そうなんですね」あやは目を輝かせた。続けて美幸は圭介の方に顔を向ける。

「圭介さんは、就職活動で長所に関する質問をされたとき、どう答えていましたか」

「私は発想力のあるところだと答えていました」

「何か根拠を話しませんでしたか」

「学園祭の実行委員をしたときに、スマートフォンのアプリを使ったスタンプラリー企画を立案しました。ほかの実行委員からは『そのアイディア、面白いね』と好評価で受け入れられ、新しい趣向のスタンプラリーとあって地域住民の方も世代を超えて楽しんでもらえるきっかけとなりました。そして、来場者が前年よりも1・3倍増えたというエピソードを話しました」圭介の話を聞いた美幸は、感心した様子で大きくうなずいた。

## ❹ビジネスの場面で活かす

「面接だけでなく、この主張と根拠は、ほかの場面でも使えるんですよ。例えば、会社の企画提案でも使うことができます。圭介さんはプレゼンを成功させたいのですよね」

「はい、そうです。速乾性のある修正液を作りたいんです」

「新製品を提案する際、ただ『この新しい修正液は販売する価値があります』だけだと、説得力に欠けます。何か根拠はないですか」

「そうですね……売上げデータやお客様の声、技術力などが根拠になると思います」

圭介は資料を見せながら説明した。

「でしたら、主張のあとに次のような文をつけ加えると、説得力は増すでしょう」美幸は言った。

「理由は三点あります。

1点目は売上げデータです。ペーパーレス時代と言われて久しいですが、こちらのグラフのとおり、ここ10年あまり我が社の修正液は売上げが安定しており、市場には一定数のご愛用者がいることを示しています。

2点目はお客様の声です。お客様○○人に意識調査を行ったところ、『速乾性のある修正液が実在するのなら購入してみたい』ということを回答者のおよそ○○%が言っていました。

3点目は我が社の技術力です。開発部が研究して作った新素材を使うことで、大幅に値上げせずとも速乾性のある修正液を作り出すことができます」

圭介は一生懸命ノートに書きとった。

「ですから、主張と根拠はセットで述べるようにしてくださいね。何か意見を述べたり主張したりしたすぐあとに、**『なぜなら』**や**『というのは』『その理由は』**などと言う習慣を身に**つけておけば、主張と根拠がセットになった文を確実に作ることができます。**そして、**実例**

**や調査・実験データなど、事実にもとづく証拠**をつけ加えることも忘れないようにしてください ね」

＊＊＊

レッスン受講後、圭介は、この修正液を発売しなければならない理由を考えることにした。最初に着手したのが愛用者の声を分析することである。今までの修正液に対してどんな意見・感想があったのか、過去のデータを調べていった。すると、「修正液が手に付着するので困る」「凹凸ができ、字が汚くなった」「乾いていない修正液のせいで、ノートのページがくっついた」という意見が多数寄せられていることを発見した。

また、開発部の担当者に対して速乾性のある修正液が技術的に可能かどうか、調査を依頼した。後日、開発部から詳細な実験データが届けられた。その資料には、「最近我が社が特許を取った特殊素材を加工すれば、そのような修正液を作り出すことは可能である」という主旨が書かれていた。

こうして圭介は、説得力を高めるための根拠を手に入れていった。

## エッセンスのおさらい

### □主張と根拠

ただ自分の主張を述べるのではなく、主張には必ず根拠や理由をセットにして述べる必要があります。美幸は主張と根拠の大切さを、お神輿とそれを担ぐ人にたとえていました。この場合、お神輿が主張であり、担ぎ手が根拠です。根拠の説得力が強いほど、主張も強くなります。そのため、何かを主張する際は、聞き手が「確かにそうですね」と思うような説得力のある根拠を示すことが重要になってきます。そして、より説得力を持たせるには、実例や調査・実験データなど、事実にもとづいた証拠を提示することも大切です。

### □複数の根拠

根拠を複数個用意しておくことで、主張の説得力はさらに高まります。例えば、何かを主張したあとに「その理由は3点です」などと言って、理由や根拠を説明する構成も考えられます。3つという数字を選ぶのは、人が記憶しやすい数であることや、1つや2つでは物足りなく感じ、4つ5つでは話を長く感じるからです。

「理由は3つあります」などと言う代わりに、「ここで注目してほしいのは『売上げデータ』

『お客様の声』『我が社の技術力』です」のようにサブテーマを伝える方法もあります。そのときのサブテーマは、短くインパクトのあるものが効果的です。3点くらいだと、覚えやすいでしょう。

さらにくわしく

## ●根拠を述べることで高まる説得力

ハーバード大学のエレン・ランガー氏[34]らの実験では、興味深い研究結果が出ています。図書館のコピー機前にできた行列の先頭に割り込む際、「5ページなのですが、コピーを取らせてもらえませんか」と言った場合、成功率は60％だったそうです。それに対して、「5ページなのですが、急いでいるので、コピーを取らせてもらえませんか」と理由も添えた場合、成功率は94％にもなったそうです。このように、**人は何らかの理由が添えられると、承諾しやすくなる**ことが明らかになっています。

アリゾナ州立大学の社会心理学者ロバート・チャルディーニ氏[14]は、人がある情報に触れた際、機械的に反応してしまうことを**カチッ・サー反応**と呼んでいます。

このように、何かを主張する場面では、理由や根拠を忘れずに述べることが重要です（ちなみに、本書が「ある研究によると……」のようなあいまいな理由づけをせず、具体的な証拠をきちんと明示しているのも、主張の説得力を高めようとしているからです）。

## ●適当な根拠の数は？

ポイントを述べる際は、３つが適当だということを示す研究結果もあります。

スザンヌ・スー氏とカート・カールソン氏[40]の研究では、参加者に１～６個の特長が述べられた宣伝文を読んでもらい、それぞれの文章に評価をつけてもらいました。その結果、特長が３つ含まれていた広告に参加者はもっとも高い評価をつけたと報告されています。

以上から、ポイントを絞って話す際は、**多すぎず少なすぎずちょうどよい数である「３」**を意識してみるのが効果的だと言えるでしょう。

## 続きが聞きたくなる話し方

スピーチやプレゼンでは、出だしで印象が決まります。聞き手にきちんと話を聞いてもらえるように、普段どのように話していますか。振り返ってみましょう。

## STORY

### ❶出だしの重要性

根拠の重要性は理解できた。しかし圭介は、聞き手が必ずしも興味を持って話を聞くとは限らないと疑問に思っていた。いくら内容がよかったとしても、聞き手の関心を集められなければ意味がない。圭介は尋ねてみた。

「話の内容を真剣に聞いてもらえるように、相手の興味を引くためにはどうしたらいいですか。『続きを聞きたい』と思わせるようなプレゼンをしたいんです」

美幸はすこし溜めてからこう言った。

「その答えは、**出だしに全神経を集中すること**なのよ」ひととおり3人に目配せをし、注意を引きつけてから続けた。

「印象というのは、最初の10秒ほどで決まってしまうと言われています。話し始める前から、聞き手は『自信がなさそうだな』『自信をもって臨んでいるな』という印象を受け取ってしまうものです。ですから、話し始めのほうに力を入れてください。例えば、お辞儀のしかたひとつ取ってもそうです。あやさんは、面接で着席するまえに、どうやって礼をしていますか」

「普通に『よろしくお願いします』と言いながら頭を下げていますが……」

「より好印象を与えられる礼があるんですよ。**語《ご》先《せん》後《ご》礼《れい》**と言います」美幸がホワイトボードに文字を書いた。

「ごせんごれい？」ジェームズがつぶやいた。

「ええ。つまり、語（ことば）を先に発して、その後に礼をするのです。語先後礼だと、相手の目を見ながらことばを発するので、洗練された印象を与えることができます。そして、聞き手に『この人はどんな話をするのだろう』と興味を抱かせることもできます。語先後礼のあとは、しっかりと間を取り、聞き手を引きつけてから、穏やかな声で話を切り出すといいでしょう」

## ❷聞き手ファースト

「では、ここからは具体的に話の構成について考えていきましょう。圭介さん、発表の目的って何でしたっけ？　覚えていますか」

「目的？　私の場合は、商品の魅力を伝えて、企画を理解してもらい、承認してもらうことです」

「そうですね。**企画プレゼンや面接の目的は、賛同や承認を得ること**だと言えます」

圭介とあやがうなずく。

「ほかにも、**組織のリーダーによるスピーチなどは、行動を促すことが目的**になり、**研究発表などは、情報を共有することが目的**になります。こんなふうに、発表の目的を把握することは、とっても大事なんです」

「でも、それは発表者の目的なので、聞き手には何も関係ないんじゃないですか」

ジェームズはいぶかしげに聞いた。

「そうですね。これだけでは聞き手の関心は集められませんよね。次のステップが重要です。

それは、話し手の目的を聞き手の目的に入れ換えることです。聞き手ファーストにして考えることです」

「聞き手ファーストか」と圭介は言った。

「そう！　聞き手のメリットを考えるということです。要するに、情報共有、行動促進などが目的の発表においては、**自分の発表を聞くと、どんなメリットがあるかを伝える**のです。例えば、最初のほうに

『このプレゼンが終わったときには、○○の重要性がご理解いただけます』

『15分後には、○○のコツが把握できています』

などとキャッチフレーズをつけると理解しやすいでしょう。そうすることで、**聞き手は、話を聞くと何がわかるのか、何ができるようになるのかが把握できるため、内容が他人事《ひとごと》から自分事《じぶんごと》になります**。その際、年齢、職業、背景、興味・関心など聞き手の属性を考慮することも重要です」美幸は続けて言った。

「採用面接でも考え方は同様です。自分を採用することで、会社にどんなメリットがあるの

かを面接官が想像できるように回答していくのです。例えば、自分の長所が会社でどう役立つのか、学生時代に頑張ったことが会社でどう活かされるのかなど、強みや長所がイメージできるように伝えていくのです。ただし、自身の経験がどう役立つか、活かされるかなどは、あくまで応募者が考えているものなので、必ずしも採用側の考えと合致するわけではないことに留意してください。企業研究が大切なのは、こういった理由からでもあるんですよ」

あやは、一生懸命ノートに控えた。

「ほかにも、話し手と聞き手の間には、情報の差が生まれることもあります。**大切な用語は、最初のほうに、ことばの意味を伝えておくこと**も大切です」

「どういうことですか」ジェームズが尋ねる。

「例えば、『歯周病』と聞いて、どんな病気かパッと頭に思い浮かびますか。もし歯周病について伝えるのだとしたら、最初の方にきちんとことばの意味を伝えることが重要です。というのは、ことばというものは、人や文脈によって意味が変わってきてしまうかもしれないからです。大切なことばは、最初のほうに定義づけをするようにしましょう」

## ❸続きが聞きたくなる話の構成

「突然ですが、日本の20代の人たちで、歯周病患者の割合は、何%ぐらいか知っていますか。ちなみに、ここで言う歯周病とは、歯周ポケットが4ミリ以上あることを意味します」

美幸が唐突に問いかけた。

「10%くらいですか」圭介が答える。

「厚生労働省の平成28年歯科疾患実態調査(8)によると、歯周病にかかっている人の割合は20代前半の人で約26%、20代後半の人で約31%だそうです。つまり、20代の3~4人に1人は歯周病にかかっているというわけです」

美幸は左手全体で3人の方を指して言った。

「さらにここからがもっとも重要なのですが、日本歯周病学会のホームページ(18)によると、歯周病は、細菌が血液に流れこんでいくので、糖尿病や心筋梗塞、早産などとも関連があるそうです。このように歯周病は注意しなければならない病気のひとつなのです。今から話す内容を聞けば、歯周病の原因、治療法、予防法など、歯周病の概要が把握できます」

3人は不思議そうに美幸の話を聞いていた。

「さて、たった今、伝え方のレッスンとは何ら関係のない話をしたのですが、歯周病に興味を持ちましたか」３人は首を縦に振った。それを見て美幸は続ける。

「今の説明が、ただ単に『口の健康は大切です。歯周病も気をつけるべき病気のひとつです』などの出だしだったとしたら、同じくらい興味・関心を持ったでしょうか」３人は首を横に振った。

「このように、**聞き手が知らないと思われるインパクトある情報を先に出すことで、興味を引くことができます。**ほかにも、**最初にクエスチョンを投げかけるという方法もあります**」

「面接でも活用できますかね」あやが尋ねた。

「もちろんできます。例えば、学生時代に頑張ったことで、『学園祭で新しいイベントを企画したところ、前年よりも来場者が１・３倍増えました』などと言えば、面接官は『どんなイベントを企画したのですか』と聞きたくなるでしょう。このように、相手が思わず深掘りしたくなるような受け応えをするという方法も可能なのです」

「企画プレゼンでも使えますか」圭介が言った。

「はい。例えば、最初に『修正液に対して、これまでお客様からどのようなご意見・ご感想が寄せられたか、ご存知ですか』などと問いかける構成も考えられます」

圭介は真剣にその構成をメモした。

「それから、信頼性を高めるための工夫も大事です。専門家である歯科医師や歯科衛生士が歯周病について話せば、説得力が生まれますが、残念ながらわたしは専門家ではありません。そのため、先の例では一般的に信頼されているデータを引用しました。そうすることで信頼度が増し、説得力を高めることもできるのです」

「すごく勉強になります。日本語の授業では、続きが聞きたくなる話し方なんて習いませんでした」ジェームズが感心した様子で言った。

「そうですか。日本語のスピーキングクラスでは基本的に、どんな語彙や表現を使って会話をするか、どのような内容を発表するか、などの学習を中心に行うからでしょうね」

ジェームズは納得した様子でうなずいた。

「また、退屈で眠たくなるような発表は、一本調子で自分の言いたいことを一方的に述べていることが多いです。この場合、最初に意外な情報を提示したり、問いかけたりすることで、聞き手の関心を引き、話に変化をつけることができます」これを聞きあやが言った。

「確かに大学でも、学生の関心をうまく引く先生と、そうでない先生がいます」

「**聞き手の関心をうまく引く人は、パターン化しないように、話の変化を意識しています。**

そういったことも参考にしてみてくださいね」３人は深くうなずいた。

## エッセンスのおさらい

### □出だしの重要性

人の印象は最初のほうに決まることが多いため、全神経を集中するようにしましょう。例えば、スピーチやプレゼンの開始直前に、ことばを先に発してその後に礼をする「語先後礼」を取り入れることで、聞き手に洗練された印象を与えることができます。

### □聞き手のメリットを伝える

情報共有、行動促進などが目的の発表においては、話を聞くと何がわかるのか、何ができるようになるのかなど、聞き手のメリットを最初のほうに共有しましょう。

### □ことばの定義づけ

ことばの意味は、人や文脈によって異なってきます。特に専門用語が出てくる発表の場合、話し手と聞き手の間にある情報差に配慮し、大切な用語は、最初のほうに定義づけしておくようにしましょう。

### □聞き手が知らない知識や情報を利用する

スピーチやプレゼンで聞き手の興味を引きたい場合は、聞き手が知らないと思われる知識や情報を利用し、発表を構成してみましょう。最初に意外な情報を伝える、問いやクイズを出す、などの方法が挙げられます。

テレビの業界では「アイキャッチ」といって、CM前後の数十秒、人目を引くような映像を意図的に流します。CMの間に視聴者が離れない工夫です。プレゼンなどでも効果的にキャッチのある話を織り交ぜてみましょう。

## さらにくわしく

### ●初頭効果

最初の印象が評価に大きく影響することを心理学では**初頭効果**と言います。心理学者ソロモン・アッシュ氏(28)が行った古典の実験があるので、紹介しましょう。

Aの人物とBの人物とでは、どのような印象を受けるでしょうか。考えてみてください。

A：知的・勤勉・衝動的・批判的・頑固・嫉妬深い

B：嫉妬深い・頑固・批判的・衝動的・勤勉・知的

提示順は異なりますが、使われている単語は同じです。しかし研究結果を見てみると、Aは最初の「知的」「勤勉」といった単語から好印象だと評価され、Bは最初の「嫉妬深い」「頑固」といった単語から悪印象だと評価されたそうです。

この研究から、**情報が並べられた場合、評価は最初の印象に左右されやすい**ことが確認されています。最初の印象は、そのあとにも大きく影響を及ぼすため、人前で話す際は、**出だしに意識を向けましょう**。

## ●情報の隙間理論

カーネギー・メロン大学の行動経済学者ジョージ・ローウェンスタイン氏[35]によると、人は知識や情報に欠けている部分（隙間）があると苦痛を覚え、その隙間を必死で埋めようとするそうです。こうして好奇心が刺激されるのです。これを**情報の隙間理論**と言います。

彼はこの理論を支える根拠として、コンピューターのクリック数を調べた実験結果を挙げています。この実験では、コンピューターの画面上に45個のマスを配置し、2種類の条件を用意しました。

①1回クリックするごとに1匹の動物が表示される。

②クリックするごとに動物の一部が表示され、45マスすべてクリックすると、1匹の動物全体が表示される。

参加者はマウス操作に慣れるため、最低5回はマウスをクリックするよう、指示されました。その結果、①の条件よりも②のほうが、クリックされた回数は明らかに多くなったそうです。このように、**欠けている情報があると、人は好奇心を抱きやすくなる**のです。

テレビなどでよく耳にする「ＣＭのあと、衝撃の展開が」「正解は60秒後」などのきまり文句は、情報の隙間を利用していると言えます。スピーチやプレゼンなどにおいても、「この話には続きがあります」「ここからがもっとも重要な点です」などのフレーズを用いることで、聞き手の関心をつなぎとめることができるでしょう。

## 2-4 大切なことは何度も述べる

話の核となることや、忘れてほしくないことは、どのように伝えれば、印象づけることができるのでしょうか。

### STORY

**❶リマインダー効果**

圭介は自宅で悩んでいた。次回の社内プレゼンが来週に迫っているからだ。もちろん、提案する企画は「速乾性のある修正液」だ。しかし、前回と同じ企画を課会で提案するので、出席者は集中して聞いてくれないのではないか、と心配していた。

加えて、さらに印象づけるためにはどうすればよいかも考えていた。これまでのレッスンを振り返っていると、「まず結論から伝えることが重要」と書かれたプリントが目に入ってきた。そうそう、最初に結論を出すことが大切なんだよな、と振り返りつつ、そのあとの話の進め方に考えをめぐらしていた。

するとスマホの画面が光った。

《お疲れ様です。今日の発声練習は終わりましたか？　次回の講座ではスピーチの実践を行うので、体調管理をしてくださいね》

美幸から2日おきに送られてくるメッセージだ。

受講者のグループチャットに送信され、簡単な挨拶や次回の課題などが伝えられる。これによって、次の課題への心構えができるし、次はこんな話をしようかと考える余裕ができる。なにより講座の日が再確認できるからすごく助かる。


2週間前にこんなことがあった。圭介は街で偶然バッタリ大学時代の友人に会った。明日仕事が終わったら久しぶりに飲みに行こうと話が盛り上がっていたが、そのとき、美幸からこのリマインダーが届いたのだ。伝え方講座があることをすっかり忘れ、飲み会の約束をしてしまうところだった。数日おきに美幸からメッセージをもらえるのは、とてもありがたい。

そういえば、以前レッスンでこんなことも教わった。

「**リマインダー効果**って知っていますか。**大切なことを何度も述べたり、言い換えたりすることで、忘れ去られた記憶を再び呼び覚ますことができる**んです。そして、**その内容が受け手の脳裏に焼きついていく**んです。スピーチやプレゼンなどの発表では、意識して大切なことばやメッセージを繰り返すようにしてくださいね」

そうだ！　これだ！　これを次のプレゼンで活かそう。速乾性のある修正液のメッセージとは何か、大切なキーワードは何か、これを探し出して主張しよう。圭介は、大きな突破口を見つけた気がした。

**❷魅力を掘り出せ**

翌日、出社した圭介は、企画の魅力を洗い出すことにした。

何といってもこの修正液の魅力は、塗ってすぐに乾くことだ。塗りムラもないから早く乾き、そして、必要な液の量も少ないため、滑らかになる。

修正液は、その名のとおり修正したい箇所に使うことが多いため、誤字や間違いを速やかに消せるかどうかがカギとなる。

仕事では、作業を効率よく進めていくことが求められるが、この「速乾性のある修正液」

を使えば、すべての作業がクイックに進む。

クイックに進む……この「クイック」ということばには、ポジティブなニュアンスが感じられる。商品名に「クイック」とつけてみたらどうだろうか。そう、クイックに修正できるから「クイック修正液」。我ながらシンプルで、わかりやすいネーミングだと思った。「よし、これでいこう！」圭介は心に決めた。

### ❸プレゼンの構成

圭介はプレゼンの構成を考え始めた。

コンセプトは、速乾性のある修正液「クイック修正液」だ。まずは、スピーチの冒頭で結論として魅力を伝えよう。その魅力とは「速乾性があること」だ。そして、その魅力をプレゼン中に散りばめることでリマインダー効果を狙おうと圭介は考えた。

主張と根拠をセットにすると、説得力が増すということもレッスンで学んだ。ならば、根拠は愛用者の声、そしてマキノの技術力だ。これをプレゼンで提示しよう。そうすれば、速乾性のある修正液は売り出す価値があるということを伝えられるはずだ。

＊　＊　＊

翌週。圭介は、課会で「速乾性のある修正液」についてプレゼンをしていた。

「速乾性がある修正液『クイック修正液』をご提案します。この商品の魅力は何と言っても塗ってすぐに乾くことです。『クイック修正液』という名のとおり、素早い修正が可能です。

本企画の着想は、学生時代の経験がきっかけとなっています。私は学生のときに修正液をよく使っていました。細かい修正をする際に重宝される修正液ですが、不便さも感じていました。例えば、乾いていないときに液に触れると手についてしまう、乾いていないのにノートを閉じると紙と紙が張りついてしまう、などです。これらの不便さを解消したいと考え、私は速乾性のある修正液『クイック修正液』という企画を立ち上げました」

圭介はすこし間を置いた。

「そのような修正液に、消費者のニーズがあるかどうかを確認するため、ここ10年間で寄せられた修正液への意見・感想を調べてみました。その結果、『修正液は、修正テープよりも細微な修正ができる』という好意的な意見がある一方で、不便さを感じているという意見も多く寄せられていました。不便に感じる理由の上位3つは次のとおりです。

1つ目は『修正液が手に付着するので困る』という意見で、559件、

2つ目は『凹凸ができ、字が汚くなった』という意見で、480件、

3つ目は『乾いていない修正液のせいで、ノートのページがくっついた』という意見で、432件でした。

このように、実際に消費者の方々も従来の修正液に不便さを感じていることが明らかとなりました。この不便さを解消したのが『クイック修正液』なのです」

「また、開発部の担当者に調査を依頼したところ、『最近我が社が特許を取った特殊素材を加工すれば、外気に触れた瞬間に固まる修正液は技術的に可能である』という回答を得ました。そして、我が社が開発した特殊素材を使えば、大幅に値上げせずに売り出すことができるとも述べていました。こちらがその資料です」

圭介は、みんなをゆっくり見まわしながら資料の内容を説明し、最後に

「理想の修正液を求めている方のニーズを満たすのが、この『クイック修正液』です」と自信を持って伝えた。

プレゼン終了後、課内の人たちからは「発想がいい」というフィードバックがもらえた。特に、上司の和田からも「企画の軸がかなり明確になった」というコメントが聞けたことは、圭介にとって光栄だった。レッスンの成果が評価されたからだ。

協議の結果、「次の部会に審議を進めてもいい」という判断が下された。次は、部長たち

を相手に企画の魅力を伝えなければならない。今回の課会よりも手ごわくなりそうだ。
圭介は、一山越えたことに喜びを噛みしめつつも、次の部会に向けてプレゼンの準備を始めるのだった。

## エッセンスのおさらい

### □リマインダー効果

何度も述べることで、忘れ去られた記憶を再び呼び覚ますことができます。これをリマインダー効果と言います。

大切なことは1度言えば伝わるだろうと考えてしまいがちですが、聞き手の印象にはなかなか残りません。聞き手の脳裏に焼きつけるためには、大切なことばを繰り返し話の中に盛り込む必要があるのです。その際に気をつけておきたいのが、同じことばばかりを繰り返さないことです。ことばに深みがなくなり、同じことばが繰り返されることで、人によってはくどいと感じてしまうからです。そうならないためにも、ボキャブラリーを駆使し、表現方法に工夫を加える必要があります。先のストーリーでも「速乾性」「クイック」のほかに、「すぐに乾く」「素早い」などのフレーズも使われていました。
また、聞き手に問いかけたり、イメージを思い起こさせたりしていくのもよいでしょう。

## さらにくわしく

### ●ザイアンスの法則

心理学の実験結果を見てみると、人はある情報に繰り返し触れることで、好感を持つことがわかっています。例えば、最近リリースされた曲をテレビやラジオ、インターネットなどで何度か聞いていると、頭の中で曲がリフレインしたり、無意識にメロディを口ずさんだりし、親しみを抱きやすくなる、などがその好例です。

アメリカの心理学者ロバート・ザイアンス氏[44]が提唱したこの理論は、一般的に**ザイアンスの法則**（または**単純接触効果**）と呼ばれています。

好意を高める要因としては、接触するうちに親近性（なじみ深さ）を感じることのほかに、接触するたびに新たな一面が見え、新奇性（真新しさ）を感じることも挙げられています。

これを応用させ、**発表で大切なことを複数回述べる際は、繰り返すこと以外にも内容を言い換えて述べる**ことで、新鮮さを保つことができると考えられます。

2-5

# 意外と気づかない話すときのクセ

あなたは、自分が話をしているときのクセや、
緊張しているときのクセを知っていますか。
それらを把握しておくと対処法が見えてきます。

## STORY

### ❶目線

部会での発表が近づきつつある圭介は、最近気になっていることを美幸に尋ねてみた。

「先生、話すときの姿勢や態度で気をつけることって何かありますか」

美幸はそれを聞き、3人に告げた。

「じゃあ、今日は久々にみんなのスピーチを撮影しましょう」

「えー」と3人の声がハモッた。

「時々自分の話している姿を客観的に見るのは大切なことよ。これまでにいろんなことを学んできたので、その成果を発揮してみましょう。みなさんそれぞれに気をつけなくてはならない点がありましたよね。そこに注意してね」

テーマは「嬉しかったこと」だ。自由にスピーチしてよいということだったので、和気あいあいと進んだ。そして、ひとりひとりのスピーチを全員でチェックすることになった。

「今日は内容でなく、印象をみんなでチェックしましょう」と美幸は言い、映像を流した。

圭介は、改めてみんなの前で自分の姿を見せられるのが気恥ずかしかった。ちょっと照れ笑いを浮かべながら、いつも疑問に思っていたことを口にした。

「話しているときにどこを見ていいかわからないんですよね。上司からも『目線が泳いでいる』って指摘されることがあるんです。話しているときってどこを見たらいいんでしょうか」

「そうね。目線の配り方について考えてみましょうか」続けて言った。

**「面接など人数が少ないときは、相手の方に身体を向け、目を見て話せばいい**です。ただし、絶えず凝視していると相手に威圧感を与えてしまうので、**適宜目線を外すことも意識しましょう」**

「次に、人が大勢いる場合です。パブリックな場では誰を見たらいいか、確かに迷います。そんなときのコツを簡単に2つ紹介しますね」3人はうなずいた。

「まず1つ目は**ジグザグ法**です。会場を大きく右と左にわけ、奥から右、左、右、左と目線を合わせ、徐々に手前へと目線を移していくのです。ここで注意してほしいのが、ゆっくり目線を送ることです。早いとキョロキョロした感じになり、逆に焦っているように見えてしまいます。ゆっくりと目線を配ることが重要です」

▶ジグザグ法

「そして2つ目が、**キーパーソン法**です。会場の中で耳を傾けてくれる感じのいい人、つまりキーパーソンを数人見つけておきます。話をしながら、会場をまんべんなく見ながら、文の最後は、見つけたキーパーソンに目線を置きます。熱心に聞いてくれている人に話しかける感覚です。そして、その方に確認を取るように間を置きます。熱心に聞いてくれている人がいると、安心して話ができますよね。積極的にそのような方を見つけるのも手です」

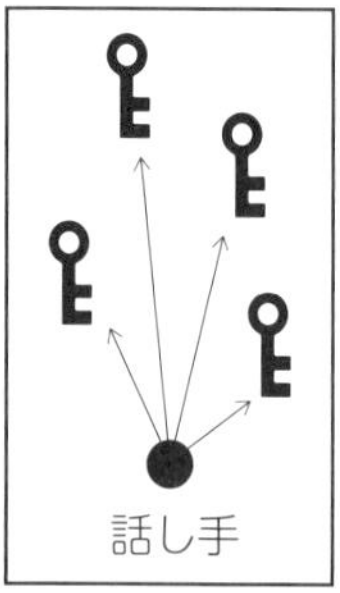

▶キーパーソン法

「これはビジネスのプレゼンでも同じです。文末では、自分が安心できる上司や同僚で目線を留めると落ち着いて話せるでしょう。特にいつも笑顔で話をきいてくれたり、相づちを打ってくれたりする人を見つけておくと、話しやすくなりますよ」

そう言うと美幸は圭介に笑顔を向けた。


「自分の使いやすいほうを選択してくださいね。その時、注意してほしいのが、どちらの方法でも、目線を次へ移すときはゆっくりと、ということです。ワンフレーズや一区切りを目安にしてください。ゆっくりとした動作は自分にとって緊張対策にもなりますし、相手にも安心感を与えます」

目線を配るときは目だけではなく首から動かす、もしくは上半身ごと動かすと、その動作が優雅に見えるという説明が加えられ、美幸はゆっくりと首ごと3人を見まわした。

## ❷話しグセ

「ほかにも気をつけてほしいクセがあるんですよ。何があると思いますか」

「あたし、『えーと』や『あのー』が多く出てしまうんです」あやが答えた。

「立っているときに体が揺れていると、気になりますよね」これはジェームズの答えだ。

「あと、手の置き場も困っちゃうんですよね」圭介が言った。

「では、1つずつ確認していきましょう。まずは口グセから。緊張している場面や、きちんと伝えないといけない場面では、人はことばを選んだり、考える時間を作ったりしながら話をします。そのため、『えーと』とか『あのー』などのことばを使ってその間を埋めようとしてしまうのです。『えーと』『あのー』などの口グセが出ないようにするためには、きちんと次のことばを考えてから話をするか、あるいは、頻繁に『えーと』や『あのー』などが出てきそうになったときには、その**ことばを飲み込むようにしましょう**。その間を怖がってはいけません」そう言うと、美幸は口を大きく開けてからパクリと飲み込むしぐさをした。

「それから、さっきジェームズさんが挙げてくれた身体の動きについても考えてみましょう。緊張すると、リズムを取るかのように身体が無意識に揺れてしまう人がいます。身体を揺らすことで、リズムが取れ、落ち着くのでしょうね。しかし、見ているほうは、その揺れが気になるものです。小刻みに左右や前後に揺れてしまう人は、思い切って一歩片足を前へ出し、しっかり重心を取りましょう。それでも動いてしまうようなら、**思い切って身体をわかりやすく動かす演出にしてしまいましょう。**一歩前へ出る方法です」ジェームズは大きくうなずいた。

「最後は、圭介さんが挙げた手の動き。手持ち無沙汰になると、いろんな手の動きを始める人がいます。例えば、持っているペンや自分の髪の毛をいじったりして、手をせわしなく動かす、などです。見るほうにしてみれば、とても気になります。こういった場合は、思い切って手を動かさないよう、**テーブルや円台に手をついてみる**とよいでしょう。演出のひとつになります。または、**手を軽く自分の前で組み、動きそうになるその手を自分で握っておく**のも対策になりますよ」圭介はノートに控えた。

## エッセンスのおさらい

**□目線の置き方**

相手が少数の場合は、相手を見て話しつつも、適宜目線を外すことを意識しましょう。相手が多数の場における目線の置き方には、奥から右、左、右、左と目線を合わせ、徐々に手前へと目線を移していくジグザグ法や、自分が安心する人に文末で目線を留めるキーパーソン法などがあります。

□口グセ

口グセは、知らず知らずのうちに身についているものであるため、話し手は気づいていないことも多くあります。何度も耳にしていると、聞き手はその口グセが気になってくるので、短い時間内でもたくさん使ってしまっていることばがあるのなら、そのことばを飲み込むようにしましょう。

□手や身体の動きグセ

手や身体の動きグセは、思い切って演出のひとつにすることも可能です。決めゼリフと共に使うアクションとして活用してみたり、聞き手への誘導として使ってみたりするなど、どのように取り入れられるかを考えてみましょう。

さらにくわしく

●視線の効果

心理学では視線の重要性を示す研究が多くあります。

例えば、対人場面において5種類の視線量を比較し、人の評価がどう変わるかを調査したマイケル・アーガイル氏ら[27]の実験では、視線量が多いほど人からの好感度は上昇することを明らかにしています。ただし、絶えず注視していると好感度が下がってしまうことも確認しています。

ほかにも、模擬裁判の場面を用いたゴードン・ヘムスリー氏とアンソニー・ドゥーブ氏[32]の研究では、証人の視線が実験参加者の判決にどう影響するかを調査しています。実験の結果、視線を落とした証人は、視線を送った証人よりも信頼性が低いと評価されたことを報告しています。この研究から、視線量は信頼性とも結びついていることが明らかとなりました。

**適度なアイコンタクトは聞き手に肯定的な印象を与えることができる**ので、発話中には意識して目線を送るようにしましょう。

## ●言い淀みの機能

「えー」「あのー」などの言い淀みは、思考している際、間を埋めるものとして挿入されます。言語習得研究などの分野において、**言い淀みは発話の流ちょうさを妨げる要因だ**と見なされています。

一方で、名古屋大学の池田佳子氏[1]は、談話分析を行い、コミュニケーションにおける言い淀みの機能を考察しています。例えば、デリケートな内容に触れる際、不躾な印象を和らげるための言い淀みや、依頼や謝罪時にためらいや申し訳なさを表すための言い淀み、スピーチにおいて疑似的な対話の臨場感を作り出す「～ですね」などが挙げられています。

対人場面において、言い淀みの過度な使用は、聞き手にくどさや不快感を与えてしまいますが、池田佳子氏が指摘しているような言い淀みは、**遠慮や丁重さ、親近感などを醸し出すことができる**ため、発話の潤滑油になると考えられます。

聞き手を引きつけるテクニックとして、どのようなものがあるでしょうか。考えられるだけ挙げてみましょう。

## STORY

### ❶4つのテクニック

圭介は、これまで学んできたことをフル活用すれば、企画が通るのではないかと希望を抱き始めていた。しかし、今までの課会とは違い、次は部会だ。部長クラスの人たちに共感してもらうのは、そうたやすいことではない。圭介は気を引き締め、さらに印象づけるためにはどうすればよいか、美幸に尋ねた。

「来週、初めて部会でプレゼンをするのですが、どうすれば部長たちにもっと共感してもらえるでしょうか」

「じゃあ、今日は、聞き手を引きつけ、スピーチ・プレゼンの効果を高める4つのテクニックを紹介していきましょう」

## ❷共感できるストーリーを語る

「1つ目は『共感できるストーリーを語る』ということです」美幸が続けて言う。

「**人はストーリーを求めている、**と覚えておいてください。**ストーリーで同じ立場を想像させたり、同じ感情を抱かせたりすると、共感されやすくなります。**ところで、圭介さんはなぜ新しい修正液を作りたいと思ったんでしたっけ」

「学生時代、ペンを使っているときに、字を書き間違えちゃって、急いで修正液で直そうとしたら、凹凸はできるし、手に液は付くし、不便に感じたからです」

「そう。まさにそれがストーリーになっていますよね。その話をすれば、そもそものきっかけを印象的に伝えることができます」

「前回の課会で話しました」圭介が言った。

「そうですか。反応はどうでしたか」

「みんな、私の話に耳を傾けてくれていましたよ」

「今度はジェスチャーなどにも意識を向け、再トライしてみてね。そして、あやさん。面接でもこういったストーリーを取り入れてみてくださいね」美幸はあやを見た。

「例えば、学生時代に頑張ったこととしてアルバイトを例に出し、『お客様にとって居心地のいいカフェになるよう努めました』だけだと、どう頑張ったかがわかりません。次のように具体的なストーリーを伝えれば、面接官に強く訴えることができます」

「赤ちゃん連れのお客様が平日多くいらっしゃることに気づいた私は、ベビーシートやオムツ替え台、子ども用食器などを完備できないか、店長に掛け合ってみました。検討の結果、実際に私のアイディアは採用され、赤ちゃん連れのお客様は30％増えました。また、『安心して来られる』などと好意的な意見を多数頂くこともできました。この経験から、現状から課題を分析し、お客様の視点に立ってサービスをご提供する大切さを学びました」

### ❸感情を乗せる

「2つ目は『感情を乗せる』ということです。例えば、あなたは友人にサプライズプレゼントを渡したとします。その際、友人から『いいの？　そんなことしてもらったら悪いよ』と言われた場合と、『いいの？　すごく嬉しい！　ありがとう』と言われた場合では、どちらのほうが『プレゼントしてよかった』と思いますか」

「『嬉しい』のほうですね」圭介が答え、ほかの2人も賛同した。

「どうしてですか」

「だって、喜んでほしくてプレゼントしているわけですし」

「つまり、素直に喜びを表現してくれたほうがいいというわけですね」

「そうですね」

「このように、人に何かを伝える際は、**感情を織り交ぜて話したほうがインパクトは大きくなるのです**」

「確かに『すごく嬉しい』って言われたら、インパクトは大きいですすもんね」あやも感心しながら言った。

**「ストーリーやエピソードを話す際は、そのときに自身がどう思ったか、どう感じたのかを述べることで、理屈だけではない感情のこもった発表をすることができます。**例えば、『嬉しかった』『ワクワクしている』『ありがたい』などプラスの気持ちを口に出すことで、その感情が聞き手に伝染していき、心に訴える話ができます。ほかにも、直面する課題や問題について『不安だ』『思い悩んだ』『悔しい』などと感情を乗せながら説明することで、話し手の真剣さが伝わり、聞き手の胸に響くような話ができるでしょう」

**❹具体性が説得力を高める**

「3つ目が『具体的に語る』ということです。**数値データはもちろん、色や光、音、味、香り、温度などを具体的に伝えることで、説得力が生まれます。**ちなみに、視覚的な情報に納得しやすい人に対しては色や光などの視覚表現を、聴覚的な情報に納得しやすい人に対しては音や声などの聴覚表現を、感覚的な情報に納得しやすい人に対しては味、香り、温度、触り心地などの身体感覚表現を使うと、より効果的だと言われています」美幸は続ける。

「それから、具体性を高める方法としては、**たとえ、具体例、オノマトペ、比較**などもあります」

「たくさんあるんですね」ジェームズが興味深そうに言った。

「では、1つずつ見ていきましょう」

「まずは**たとえ**です。ある事物をほかの何かに置き換えて、わかりやすく伝えるのです。例えば、『多様な意見や考えが組み合わさることで、新たな価値が生まれる』という内容を、ほかのことでたとえると、どうなるでしょうか。『オーケストラでは、さまざまな楽器が合わさることで、素敵な音楽が奏でられる』『いろいろな食材が組み合わさって、おいしい料理が出来上がる』などのように、オーケストラや料理にたとえることもできます。この際、聞き手の属性を考えて、たとえることが大切です。宗教の聖典などでたとえ話が多用されるのも、読み手にわかりやすく伝えるためだと考えられます」３人はうなずいた。

「次に**具体例**です。例えば、単に『環境への配慮は大切である』だけだと抽象的で、深く理解できませんよね。この説明に、『使える資源は廃棄せず、リサイクルする』『紙を無駄使いしないよう、データはパソコンやタブレットなど電子上に保存する』などのように具体例があると、受け手は内容を深く理解できます」美幸は続ける。

「次がオノマトペです。**オノマトペ**とは、『ワンワン』『ザーザー』など実際に聞こえる音を表した擬音語や、『ふわふわ』『どきっ』のように動きや状態を表した擬態語などを総称したことばです。喜びを表現するならただ『嬉しかった』と言うのではなく、『心の奥からジーンと嬉しさがこみあげてきました』などと語ることで、感覚的に強く訴えることができるでしょう。日本語には多くのオノマトペが存在し、また感覚的なものでもあるため、ジェームズさんのように日本語を母語としない人にとっては、使いこなすまでにすこし時間がかかるかもしれません」

ジェームズは大きくうなずいた。

「最後が**比較**です。ある事物をほかの何かと比べます。例えば、果物のブンタンを知らない人に説明するのだとしたら、『柑橘類の中でもっとも大きい。皮は厚いが、柔らかい。果肉は、淡黄色《たんこうしょく》のものと淡紅色《たんこうしょく》のものがある』のように説明するよりも、『超大型のグレープフルーツのような見た目で、ほどよく酸味と甘みがある』などと相手の知っている知識や概念と結びつけたり、比較したりしたほうが理解しやすくなります[19]。

▶ブンタン

テレビなどで、『ビル何階分の高さ』『タバスコ何倍の辛さ』のような表現がよく使われるのも、そのような理由からです」

## ❺聞き手に問いかけてみる

「4つ目が『聞き手に問いかけてみる』ということです。スピーチやプレゼンの最中、**聞き手に呼びかけたり、質問したり、会話を交わしたりすることで、聴衆と心を通わすことができます**」

「具体的に教えてください」ジェームズが尋ねた。

「例えば、次のようなフレーズが挙げられます」

**このような経験をされた方はいらっしゃいませんか。**

**このクイズの答えは何だと思いますか。**

**○○の場面を思い浮かべてみてください。**

**ほかにも何かアイディアがつけ加えられそうでしょうか。**

「知識が豊富な人や情報を多く持っている人ほど、一方的に自分の知っていることをすべて伝えようとする傾向があります。そうならないためにも、聞き手に問いかけることも意識してみましょう」

＊　＊　＊

レッスンから5日後。圭介は、部会が開かれている会議室でプレゼンを行っていた。もちろん、今まで習ったことを総動員して。圭介は、こう切り出し、企画を提案した。

「修正液に対して、これまでお客様からどのようなご意見・ご感想が寄せられたか、ご存知ですか」

圭介は上役を見回すように目を配り、すこし間を置いて考える時間を与えた。そして、前回の課会でも挙げたお客様からの声を説明していった。

今回、特に力を入れたのは、開発部とのやり取りについてだ。

「開発部の担当者に速乾性のある修正液は作れるどうか調査を依頼しました。さまざまな素材で検討した結果、最近我が社が特許を取った木工用接着剤の特殊素材を使用すればいいのでは、という提案を受けました。通常の接着剤用素材はネバネバしているものが多いのですが、我が社の特殊素材はサラサラしていて、速乾性があるうえに、すぐに表面が滑らかになります。そのため、接着面同士がよりスムースにくっつきます。ただし、1つ問題がありました。それは、その素材の上からは文字が書けないということでした。そこで、さまざまな固着剤のアクリル系樹脂と特殊素材の相性を比較してみました。そのような試行錯誤の末、文字が上からスラスラと書ける新たな特殊素材が完成しました」

圭介は、開発部といっしょに作った簡易版の試作品を部長たちに渡して、最後にこう言った。

「『クイック修正液』を販売することで、これまでお客様が修正液に対して抱いていた不便さを解消できると確信しております。ぜひ前向きにご検討ください」

プレゼン終了後、部長たちからは矢継ぎ早に質問が飛び出し、興味を持ってもらえたようだった。

結果は通過。次回は最終審議、すなわち、役員会議でのプレゼンだ。マキノの社長・佐藤茂は「新たな挑戦」をモットーにしているため、企画提案では若手社員であろうと、ベテラン社員であろうと、立案者が最後までプレゼンを行うことになっている。

圭介は身の引き締まる思いで、会議室をあとにした。

## エッセンスのおさらい

□ストーリーの活用

事実だけの話は論理的ですが、冗長になる恐れがあります。ストーリーを活用すると、イメージがしやすくなり、聞き手の心に訴えることができます。

□感情を乗せる

話し手がどのような感情や熱意を抱いているかなどを一語一句に込めることで、聞き手の心をつかむことができます[23]。つまり、感情を共有することで、会場全体が一体となってスピーチ・プレゼンを進めることができるのです。

□具体的に語る

具体性は説得力を高めます。話をする際には、数値データ、色や光、音、味、香り、温度などを述べたり、たとえ、具体例、オノマトペ、比較などを取り入れたりしてみましょう。

□聞き手への問いかけ

スピーチやプレゼンの最中、聞き手に呼びかけたり、質問したり、会話を交わしたりすることで、聴衆と心を通わすことができます[23]。

## さらにくわしく

### ●ストーリーの内容と、それを挿入するタイミング

世界銀行で理事を務めたステファン・デニング氏[15]は、聞き手に関係する物語や、理解しやすい物語を活用することで、聞き手に強く訴えることができると述べています。例えば、**行動を促す際は「変革によって成功を成し遂げた物語」**を話し、**知識を共有する際は「どのように問題が解決されたか、あるいはされなかったかがわかる物語」**を話すのがよいそうです。

このように、一口に物語と言っても、目的に合わせた話をする必要があるのです。

あわせて、アメリカのマーケッターであるジョセフ・シュガーマン氏[12]も、我々は子どもの頃から物語に親しんできたため、物語には人々を引きつける力があると述べています。

物語を話すタイミングも重要で、**冒頭で主張内容と関連するストーリーを語って相手の注意を引いたり、抽象的な説明が続かないよう、具体的なエピソードを適宜話の随所に挟み込んだりすることで、話に変化やリズムをつけることができる**でしょう。

ちなみに、本書がストーリー形式を採用しているのも、先のような理由からです。

### ●細部描写が信頼性を高める

具体的な細部描写が信頼性を高めるということを検証した研究もあります。

ミシガン大学のジョナサン・シェドラー氏とメルビン・マニス氏[39]が行った模擬裁判の実験では、審理内容に直接関係ない描写にもかかわらず、鮮明な細部の証言があると、実験参加者である陪審員は影響を受け、その証言者側に有利な判決を下すことが確認されています。

何かを説明する場面でもこの結果を応用させ、**作り話でない正真正銘の細部描写や、主張に厚みを加えるための細部情報などを語ることで、信頼性を高めることができる**と言えます[19]。例えば、数値データはもちろんのこと、色や光、音、味、香り、温度など五感を使った描写も十分に有効でしょう。

このように、何かを語る際は、鮮明に伝えることで、聞き手への効果が増すのです。心理学ではこれを**鮮明効果**と呼びます。

## ●説得スキルが高い人の共通点

企業の管理職やリーダーなどを対象に3つの調査を行った南カリフォルニア大学のジェイ・オールデン・コンガー氏[10]は、説得スキルの高い人たちにはある特徴が見られたと述べています。それは、彼らが話す際、数値データを補足するものとして、**実例やたとえなどを用いて具体的に話を行っている**ということでした。

## ●プレゼンで成功する人の特徴

カリフォルニア大学のキンバリー・エルズバック氏[3]は、脚本家の企画プレゼンを評価するハリウッド業界の幹部50人に対して調査を行い、プレゼンで売り込みに成功する人の特徴を明らかにしています。それは、**聞き手をアイディア作りに参加させ、創造のプロセスに巻き込んでいる点**でした。この特徴は、ビジネスの企画プレゼンを審査する企業幹部が対象の調査でも同様に見られたそうです。さらに、聞き手を巻き込む話し手は、次の3タイプに分類されました。

①**興行主タイプ**（約20%）……共通の思い出や見解などのやり取りをし、相手の知識や興味レベルを把握しながら話を進めるタイプ。

②**アーティストタイプ**（約40%）……「次のような場面を思い浮かべてみてください」などと語って想像の世界に誘《いざな》ったり、実際に試作品を体感させたりするタイプ。

③**初心者タイプ**（約40%）……「どうすればさらによくなるでしょうか」などのように熱心な学習者の姿勢で、聞き手である幹部に指導を仰ぐタイプ。

このように、聞き手を創造のプロセスに巻き込むことも重要だと言えるでしょう。

# 質疑応答とクロージングでの注意点

クロージングとは、発表における「締め」を意味します。
質疑応答とクロージングでは、
どのような点に注意したらよいでしょうか。

## STORY

### ❶質疑応答での注意点

今週開かれた部会で、圭介の企画は通った。3週間後には役員会議が控えている。圭介にとって初の大舞台だ。役員の人たちからは、さまざまな指摘があるだろう。圭介は尋ねた。

「近々、役員会議があり、これが通れば企画が採用されます。でも、プレゼンのあとに役員から厳しい指摘が来ると予想されるんですが、どう対応すればいいでしょうか」

「厳しい指摘への対応ですね。では、今日は質疑応答とクロージングについて話しましょう」

「クロージング？」あやが素《す》っ頓狂《とんきょう》な声で繰り返した。

「クロージングとは、話における締め、最後の部分を意味します。では、まずは質疑応答における対応法についてお話しします」

「答えに困るような質問が出た場合、どうすればいいんですか」改めて圭介は尋ねた。

「返答に困るような質問が来た場合は、**相手に意図を尋ねてみてはどうでしょうか**」

「え？」圭介は、鳩が豆鉄砲を食ったような顔になった。

「人は、質問を受けると、答えなければならないという焦燥感に駆られてしまいますが、そこは逆に、相手に質問の意図を尋ねるのです。例えば、

**『○○に関する質問という理解でよろしいでしょうか』**

**『○○の部分が理解できなかったので、恐れ入りますが、もう一度説明していただけませんか』**


などです。そうすることで、**相手の意図を正確にくみ取ることができ、また答えを考える時間も生まれます**」

「なるほど」ジェームズも感心する。

「それでもわからない場合は、生半可な知識で返答せずに、

『勉強不足でわからないので、今後答えられるように致します』

『見当がつかないので、次回までの課題に致します』

など正直に伝えたほうがいいです。また、調査や分析の結果、あるいは事例からある程度、答えが推測できる場合には

**『はっきりと断言はできないのですが、私見では○○なのではないかと考えます』**

などと答えることもできます。これは面接の質問でも同様です」美幸はあやを見た。

「あたし、この前、ジャパニーズ・エアウェイズの1次面接でそれを実践しました！」

「どんなふうにですか」

「面接官から『弊社の改善点を教えてください』という答えにくい質問が来たので、生半可に答えず、意図を尋ねました」

「何と尋ねたんですか」

「『どのような観点からでもよろしいでしょうか』と聞いたら、『どんなことでも結構です』と言われたんです」

「それで？」美幸が先を促した。

「何でもいいとのことだったので、

『学生の視点からしか申し上げられないのですが、学生をターゲットにしたキャンペーンやプロモーションを大々的に展開したら、学生はより飛行機で旅行したくなると思います。学生の場合、基本的にあまり多くお金はありませんが、時間はあります。ですので、2～3月、8～9月の休み期間中に値段を抑えた学生向け旅行プランが豊富にあると、学生の旅行意欲は刺激されるのではないかと感じます』

と答えました」

「適切な受け応えですね。学生ならではの視点というのも、説得力があります」美幸は感心し、続けてこう述べた。

「それから、面接ついでにもうひとつ。採用選考の最後に、面接官への逆質問ができますが、『特にありません』と言うのではなく、熱意が伝わるよう何か尋ねることを心がけましょう。例えば、

**『御社で働く様子を具体的にイメージできたらと思ってお伺いするのですが、今までのキャリアの中で、印象深いお仕事は何でしたか』**

**『御社の〇〇（例えば理念・商品名・サービス名など）に大変魅力を感じたのですが、どのようにしてそのアイディア・お考えは生み出されたのでしょうか』**

などさまざまです。企業研究と同時に、面接官の役職なども踏まえ、考えてみましょう」

**❷まとめの重要性**

「ジェームズさん、発表の最後ってどんなことを話したほうがいいですかね」

「やっぱり、まとめとか要点ですよね」ジェームズが答える。

「そうです。**大切なポイントを再度おさらいしてください**」ジェームズはうなずいた。

「例えば、映画や小説などでは、ハッピーエンドなら楽しい印象が強く残り、バッドエンドなら後味の悪い印象が強く残りますよね。多くの情報が提示されるプレゼンにおいても、最後の部分は、人が抱く印象を大きく左右するのです」

「確かに」とジェームズはつぶやいた。

「ところで、圭介さん。発表の出だしでは、何を伝えたほうがいいか、覚えていますか」

「聞き手のメリットなどです」

「そうです。ですから、**まとめでは、要点と併せて、得られる成果やメリット、その情報で何ができるようになるか、なども再度伝えたほうが、より聞き手に寄り添った話ができるのです。**これは、以前説明した『大切なことは何度も述べる』ともつながっています」

**❸格言・名言の力**

「それから、クロージングで印象づける方法として、格言・名言を引用するというものもあります。例えば、行動を促すことが目的のスピーチで、話し手が最後のほうに次のようなことを言ったとしたら、どう感じますか」

「アメリカの発明王エジソンはこのように述べています。『私は失敗なんかしていない。うまくいかない方法を1万通り見つけただけだ』と。この世に失敗など存在しません。うまくいかなかったということは、それだけ成功に近づいている証しでもあるのです。だから、我々も諦めずに挑戦し続けましょう」

「どうでしょうか。何となくやる気が出てきませんか」3人ともうなずく。

「このように**格言・名言というのは、長い間語り継がれてきただけあって、聞き手を引きつけるメッセージが凝縮されています。**素敵だなと思える格言・名言に出会った際は、いつか役に立つかもしれないので、メモをしておくといいでしょう」

＊＊＊

レッスン受講後、圭介は役員会議に向け、どのような質問が来ても答えられるように想定問答集を作っていた。

「答えに困るような質問が来た場合は、意図を尋ねればいい」

美幸のアドバイスは圭介にとって胸を軽くするものであった。背伸びせず、等身大の自分で臨もう。

圭介は自らにこう語りかけ、間近に迫った最終審議の準備を進めていった。

## エッセンスのおさらい

### □質疑応答での注意点

質疑応答で、返答に窮するような質問が出てきた場合は、相手にさらに詳しく説明してもらうようにしましょう。それによって、質問の意図を正確にくみ取ることができ、また答えを考える時間も生まれます。生半可な状態で答えないように注意しましょう。

### □まとめで要点やメリットを述べる

まとめの部分では、改めて要点や聞き手のメリットを伝えるようにしましょう。そうすることで、聞き手に対し、内容を印象づけることができます。

### □格言・名言の活用

格言・名言には、長い間語り継がれてきただけあって、聞き手を引きつけるメッセージが凝縮されています。クロージングで活用してみましょう。

さらにくわしく

●新近効果

最後の部分に対する印象が強く残ることを、心理学では**新近効果**と言います。

アメリカの心理学者ノーマン・アンダーソン氏[25]が行った模擬裁判の実験では、最後の証言に実験参加者が影響されることを確認しています。このように**無数の情報が提示された場合、人は直近の情報で判断を下しやすくなる**のです。

以上から、最後のほうは心に残りやすいため、スピーチやプレゼンでは、クロージングの部分に注意を払うようにしましょう。

●ピーク・エンドの法則

トロント大学のドナルド・レデルマイヤー氏とプリンストン大学のダニエル・カーネマン氏[37]は、大腸内視鏡検査を用いて記憶に関する調査を実施しています。この調査では、受診者が1分ごとに苦痛の度合いを10段階で評価し、検査終了後にも苦痛を振り返り、評価を行いました。その結果、受診後の**記憶に基づく評価は、苦痛を感じた持続時間に応じて決まるのではなく、ピーク時と終了時の平均でほぼ決まる**ということが明らかになりました。これを、ダニエル・カーネマン氏[5]は**ピーク・エンドの法則**と呼んでいます。

この法則をスピーチやプレゼンにおいても応用させ、**ピーク時と、最後のまとめ部分に注意する**ことで、聞き手の印象に残る発表ができるでしょう。この場合のピークとは、もっとも主張したいことを述べる部分のことを指します。冒頭部分の場合もあるでしょうし、本論部分の場合もあるでしょう。

## ●タイプ別の説得方法

ゲイリー・ウィリアムズ氏とロバート・ミラー氏[2]は、1684人の経営者に対して調査を行い、クラスター分析の結果から意思決定者を5つに分け、タイプ別に説得方法をまとめています。その結果を簡単に見てみましょう。

①革新的なアイディアを好むものの、最終的には多彩な情報をもとに判断する**カリスマ型**（全体の約25％）には、得られる成果に焦点を当てて説得したほうがよいそうです。

②選択肢を慎重に検討する**思案型**（全体の約11％）には、事前に豊富なデータを用意する必要があります。

③自分の直感に合わないものには疑ってかかる**懐疑型**（全体の約19％）には、プレゼン前からの信頼構築が大切なようです。

④リスクを避け、過去の事例を重視する**追従型**（全体の約36％）には、成功例や前例を提示する必要があります。

⑤主導権を常に握ろうとする**コントローラー型**（全体の約９％）には、求めに応じて情報を提示し、本人が納得するまで待ったほうがよいそうです。

このようなタイプ別の説得方法も、発表や質疑応答の際に役立つので、頭の片隅に入れておいてもよいでしょう。

# 第3章

# 建設的な話し合いの進め方

# 話し合いにおける雰囲気づくり

話し合いをする際、
どのような姿勢・心構えで臨んだらよいのでしょうか。
考えてみましょう。

## STORY

### ❶話し合いの目的

「君の言っていることは単なる議事録だね」

国際開発論の担当教員・菊池先生に言われたことばだ。先生が言うには、ジェームズの発表はチームみんなの代弁であって、まとめになっていないらしい。

次のグループ発表ではチームの代表として意見をまとめるように指示された。

「まいったなぁ……みんな個性が強いし、好き勝手言うから、絶対に意見が対立する」

国際開発論の授業では、学期の最終週に1グループ5人で調査発表をしなければならない。そのテーマがなかなか決まらないのだ。メンバーの1人がエネルギー開発の重要性をテーマに発表しようと言っている。だが、環境保全を唱えるメンバーもいる。それ以上、話し合いが進まずにいる。

「今、大学の授業で、グループ発表のテーマについて話し合っています。その内容がなかなか決まりません。エネルギー開発をテーマにしようと言っている学生と、環境保全をテーマにしようと言っている学生、2つの意見があるんですが、どうすればいいか……」ジェームズは眉を寄せ、困惑した表情を浮かべた。

「そうですか。ジェームズさんはどんなテーマにしたいのですか」美幸は尋ねた。

「僕は、環境保全でいいかなと思うんですが、みんなが納得できるような案が出てこなくて……」

「そうなのね。今週からは、『話し合い』を扱うので、いっしょに考えていきましょう」

「あたしも知りたいです。実は先週、第3志望の航空会社『アジアン・インターナショナル・エアラインズ』で、1次選考のグループディスカッションがあったんですが、落ちちゃいました……。『日本行きの国際線ビジネスクラスで、どんな機内食を出してみたいか』という課題で、あたしは自分の主張と根拠を示して『日本食』と提案しました。自分の主張はしっかり言ったんですけど、もっとみんなの意見をまとめればよかったかなぁって反省しています……」あやが残念そうに言った。

「そうだったんですね。でも、今週からの話を聞けば、大丈夫ですよ」

美幸は明るく言い、続けて3人に問いかけた。

「じゃあまず、みなさんに質問です。話し合いの目的って何だと思いますか」

「そりゃあ、いろんな目的がありますよ。例えば、**問題解決**とか、**情報共有**とか」圭介は答えた。

「あと、**関係構築**なんかもあるんじゃないですか」あやも答えた。

「それと、**意思決定**も」最後にジェームズが答えた。

「そう。いろんな目的がありますよね。ジェームズさんとあやさんのケースで言うと、2人のディスカッションの主な目的は、意志決定です。まずは目的を明確にしましょう」

## ❷話し合い＝双方向のコミュニケーション

「ディスカッションとディベートの違いって何でしょう」美幸が尋ねた。

「ディスカッションって話し合いのことなんじゃないですか」あやが発言した。

「ディベートはガンガン意見を押し通す感じですかね」圭介も言った。

「じゃあ簡単に説明しますね」


ディスカッション［discussion］特定の問題を何人かで話し合うこと。討議。討論。

ディベート［debate］一つのテーマを定め、肯定・否定の二グループに分かれて行う討論。

（『明鏡国語辞典[6]』より）


「同じ『話し合うこと』を指すことばでも、こんなふうに違う意味を持っているの。**わたしたちの目指す話し合いは、参加者が活発にコミュニケーションを取り合えるようなディスカッションです**」

「僕にもできますかね」ジェームズが問いかけた。

「すこし難しそうに聞こえますよね。でも実は、わたしたちが日常生活でよくしていることなんですよ。例えば、休日のデート先を決める場面で、彼氏はストレス発散のためにお笑いライブに行きたいと思っていて、彼女は最近ハマっているボルダリングに彼を誘いたいと思っているとします」

「同じ日に両方行けないのなら、今回は彼氏の希望、次回は彼女の希望に沿うようすり合わせる、これも意思決定をする話し合いです。しかも、否定せずに、両方の要望が叶えられるので、あやさんが言っていたように、関係構築の話し合いにもなっていますよね」

**❸話し合い時の心構え**

「話し合いの中で特に心を配ってほしいのが『**相手の話を最後まで聞き、意図をくみ取ろうとすること**』です」

「具体的にどういうことですか」ジェームズの質問に美幸が答えた。

「相手が何を主張しようとしているのか、どんなことを言おうとしているのか、などを理解するように努めることが大切です。そのためにも、**途中で相手を否定したり批判したりせず、最後まで話を聞いて意図を聞き取る姿勢が大切です**」

「発言している最中に割り込むのはよくないんですね」

「そうなのよ、圭介さん。例えば、自分が話していて、最後まで言い切っていないのに、誰かが割り込んできて、発言権を奪ったとしたら、どうでしょうか。話を聞いてくれていないと感じたり、興味を持たれていないと思ったりしませんか」

「ある！　ある！」思わずあやの口からこぼれた。

「話し合いを円滑に進める際、**みんなの意見を最後まで聞こうと促したりして、みんなが気持ちよく語れる場を率先して作っていく**と、一目置かれますよ。ぜひ試してくださいね」

「そうすれば、全員が意見やアイディアをのびのびと言えるような雰囲気になりますね」

ジェームズは晴れ晴れとした表情で言った。

「そうですよね。なりますよね」美幸は同意した。

「就活のグループディスカッションでも同じですよね」あやは希望に満ちた表情で尋ねた。

「もちろんです。採用選考におけるディスカッションでは、グループのメンバー全員が意見を言って、みんなでまとめようなどといった気持ちで臨んだほうがいいです。信頼感を生み出すために、ディスカッション開始前に『全員で協力して、みんなでここを突破しましょうね』と声をかけてみてはどうかしら。授業のディスカッションも同様で、みんなでいい内容にしようなどと信頼感を生み出すことが重要です」

## エッセンスのおさらい

### □双方向のコミュニケーション

話し合いは、双方向によるコミュニケーションです。参加者で活発にコミュニケーションを取り合えるようなディスカッションを目指しましょう。そのためにも、話の腰を途中で折らず、最後まできちんと聞く姿勢が大切です。

### □話し合い時の心構え

話し合いにおいては、信頼感を醸成しながら、合意形成を図っていくことが重要です。信頼関係を形成するためには、お互いを認め合うことが必要になります。時には辛抱強く誠意を持って話を聞くことも大事です。参加者間でお互いにその姿勢を促していくことも必要でしょう。それらを意識しながら、価値あるアイディアを生み出し、魅力的な合意形成を目指しましょう。

## さらにくわしく

### ●交渉時における心構え

交渉学研究者の田村次朗氏と隅田浩司氏[13]によれば、交渉では**相互理解や信頼感を醸成しながら、合意形成を図っていく**ことが重要だとされています。

また、ハーバード大学の交渉学研究者ディーパック・マルホトラ氏とマックス・ベイザーマン氏[22]は、交渉とは単にできるだけ多くを要求することではなく、**価値を創造し、その価値のパイを大きくする**ことだと述べています。

ディスカッションや交渉などと言うと、「相手に勝つ必要がある」「意見を通さなければならない」などと考えがちですが、そうではなく、**参加者間で信頼関係を築きながら、より高次のアイディアを創造したり、一段と魅力的な合意形成をしたりする**ことが重要です。なぜなら、その対人関係はその場限りのものではなく、その後も続くことが多いからです。よい雰囲気を醸成しつつ、話し合いを進めることで、長期的にも良好な関係が築けるでしょう。

もちろん、これはビジネスのみならず、家庭や学校、または地域社会などのコミュニティでも同様に言えることです。

## ●意思決定における心構え

アメリカの心理学者ガロルド・スタッサー氏とウィリアム・タイタス氏(42)の研究では、実験参加者に異なる情報の断片を与え、それをグループでどのように共有し、意思決定していくかを観察しています。その結果、参加者は話し合いにおいてすべての情報を共有しようとせず、すでに全員が知っている情報のやり取りに長時間費やすことを確認しています。

この実験から、話し合いでは、**参加者が持つすべての情報をみんなで共有しようと心がけたり、そのための雰囲気づくりを意識したりすることが重要**だと言えます。それにより、参加者一丸となって多くのアイディアや情報を共有していくことができるでしょう。

# 相手を話し上手にさせるコツ

相手にも積極的に話してもらうためには、
どうすればよいでしょうか。
普段心がけていることを挙げてみましょう。

## STORY

### ❶話し合いにおける聞き方

ジェームズは焦っていた。

2日後に国際開発論の授業がある。この授業では、2週間後にグループで調査発表を行う。その準備の最中だが、ジェームズのグループは何もテーマが決まっていないからだ。エネルギー開発という意見と、環境保全という意見が出ているのだが、なぜそう考えるのかということも、まだ聞き出せていない。

話し合いで相手から情報を引き出す秘訣はないか、ジェームズは美幸に相談することにした。

「先生、2日後に授業で調査発表の話し合いがあるのですが、どうすればメンバーからいろいろな考えが聞き出せますか」

「話し合いで相手から多くの意見や情報を聞きたいというわけね。OK！　じゃあ、今日は話し合いにおける聞き方について学んでいきましょう」

## ❷聞き方一つで相手はノッてくる

「どんなふうに話を聞いてもらえたら、話しやすいですか」美幸は3人に尋ねた。

「ちゃんと聞いてくれたら、話しやすいですね」ジェームズは答えた。

「『ちゃんと』ってどんな感じ?」

「『それで』みたいに、続きを聞いてくれたら話しやすいですかね」

「実際に体感してみましょう」美幸はそう言って、話し手役にジェームズを、聞き手役に圭介を、観察者役にあやを指名した。

ジェームズには「大好きな旅行先の魅力」について話すようテーマが与えられた。1分間で聞き手の圭介が行きたくなるように伝えるのが課題だ。

一方、圭介には別の課題が出された。それは、今朝起きてからこれまでに食べたり飲んだりした物を思い出すこと。そして、ジェームズの話が終わったら、即座に食べ物と飲み物の個数をあやに伝えることだ。あやは、2人の会話の様子をよく見ておくよう指示された。

ジェームズは話し始めた。

「僕の好きな旅行先は、長崎県にある九十九島です。なぜなら……」

圭介の脳内もフル回転し始めた。最近、朝ご飯を食べる時間がなく、抜いていたが、今朝はものすごくお腹が空いていたので、何かを食べたはずだった。意外とすぐに出てこない。起きてすぐに飲んだ目覚めのコーヒーから一つずつ数えていった。

「1分経ちました。終了です。それでは聞いてみましょう。ジェームズさん、話していてどうでしたか。感想を聞かせて」

「圭介さん、うなずいてはいたんだけど、ぜんぜん目を合わせてくれないんですよ。僕の話、覚えていますか」不満そうな顔だ。

「あやさん、見ていてどうでしたか」

「圭介さん、思い出すのに必死っぽかったです。ジェームズさんの話、とっても面白かったのに」あやはジェームズの話を思い出したのか、フフッと笑った。

「聞いてもらえていないって感じると、話しにくいものですね」さらにジェームズは感想をつけ加えた。

「**聞いている人が違うことを考えていたり、関心を寄せていなかったりするのを感じると、とても話しにくい**ものでしょう。それをみなさんに知ってほしかったので、体験してもらいました。ごめんね。圭介さんには悪いけど、今回は食べ物と飲み物の個数を最後に答える必要はないのよ」美幸はバツが悪そうに舌を出し、圭介に謝った。

## ❸相手を話し上手にさせる聞き方

「聞き方においてもっとも大切なこと、それは**傾聴**です」

「けいちょう？」ジェームズにとっては聞きなれないことばだったので、繰り返して言った。

「はい。『耳を傾けて聴く』と書きます。**相手の話している内容に注意を向け、心を寄せて聴く姿勢**のことです。この姿勢を覚えておくようにしましょう」

傾聴を心がけると、相手がもっとも言いたいことや、聞いてほしいことを引き出せるのだ。

「傾聴の具体的な方法を2つ紹介しますね」

「1つ目は**促し**です。あなた自身やあなたの話に興味がありますよ、ということを伝えるのです。例えば、『それでどうなったんですか』『それから？』などと言って相手の話を促します」

「2つ目は**明確化**です。相手の話をはっきりさせるのです。例えば、『○○って何ですか』『そこをもうすこし詳しく教えてください』というように質問します。これにより、明確な情報が入手でき、相手は聞いてもらっているという満足感が得られます」3人は深くうなずいた。

「それから、ストレートに伝えると、相手に失礼な印象を与えるかもしれない場合には、次のようなことばを使うといいでしょう」

**差し支えなければ**、もうすこし詳しく説明していただけますか。

**もしよかったら**、その理由も教えてください。

「ことばの衝撃を和らげる効果があるので、『**クッションことば**』と呼ばれています。クッションことばを使うことで、配慮や丁重さを出すことができます」

## ❹テンポやトーンを相手と合わせる

「さらに、聞くときに意識したほうがいいのが、**自分の話し方を、相手の話すテンポやトーン、表情、ことば遣いなどとさりげなく合わせることです。そうすると、相手は共感されていると思い安心できるので、話がしやすくなります。**例えば、相手の話すテンポに合わせて、相づちを打つというのも大切です。もし、とても速いテンポで相づちを打たれたとしたら、速く話してくれと急かされているようで、焦りませんか。反対に、間延びした相づちだと、話を聞いてくれていないのでは、と感じませんか」美幸は間を置いてから、先を続けた。

「また、相手が楽しそうに話しているのなら、こちらも楽しそうに聞く。相手が真剣な表情なら、こちらも真剣な表情で聞きましょう」3人は「なるほど」と感心した。

「**表情の中で特に笑顔やほほ笑みは重要です**」

「僕、笑顔が苦手なんですよね」とジェームズが言った。

「笑顔は『口角をあげる』とよく言われますが、口の両端に力が入ると、真一文字になってしまう人が意外と多いです。それだと、顔がこわばっているように見えてしまいます。そのような人は、口の両端を上にあげる筋肉である口角挙筋《こうかくきょきん》を鍛えるようにしましょう」

「どうやってですか」ジェームズが尋ねた。

「『**ピース**』と言って練習しましょう。『ピ』の口の形を5秒キープ、そしてそのままの口の形で『ス』と言って5秒ゆっくり数えましょう。毎日1分間です」

「『ピ』のときに、右と左の口角が同じ形かどうかも鏡でチェックします。どちらかの口角の筋肉が弱いと、一方だけが上にあがってしまいます。低い方をより上にあげるよう意識するだけでも変わっていきます。ちょっとした合間のトレーニングで表情は変わるんです。『ピース』の代わりに『**ウイスキー**』でもいいので、練習してみてくださいね」

＊　＊　＊

2日後。ジェームズは国際開発論の授業で発表準備の話し合いをしていた。

「久保田君は、エネルギー開発をテーマにしたいんだよね」ジェームズは確認した。

「そう。国や地域が発展していくためには、インフラって大事じゃん」

「インフラね」ジェームズは目顔で次を促した。

「エネルギーをどう供給するかっていうのは、開発していくうえで重要な課題だと思うから」

「なるほど。エネルギー供給は大切だと思ってるんだね」ジェームズは真剣な表情だ。

「緑山さんは環境保全をテーマにしたいんだよね」もう一方の学生にもジェームズは話を振った。

「うん。エネルギーを作り出す過程で大量の二酸化炭素が排出されるわけだから、温室効果ガスが増えちゃうでしょ？」

「温室効果ガスって？」

「地球を覆っているガスのことで、このガスがあるおかげで、地球上から熱が逃げていかないの。生命が生きていくうえで大切なガスだよ。でも、それが増えすぎた場合、地球上の平均気温は上がっちゃうの」

「それを心配してるんだね」ジェームズは言った。

「そう」

促しや明確化、共感的な態度などを意識することで、こんなにもいろいろな意見や考えが引き出せるのか！　ジェームズは驚き、そして感じ入った。

こうしてジェームズは、レッスンで学んだことを活かし、グループのメンバーがどんなことを考えているか聞き出していった。

## エッセンスのおさらい

### □傾聴の姿勢

傾聴とは、相手の話している内容に注意を向け、心を寄せて聴く姿勢のことです。建設的な話し合いやディスカッションをするためには、傾聴がカギになります。

### □相手を話し上手にさせる聞き方

相手から話を聞く際は、「それで?」「それから?」などのように続きを促したり、「○○って何ですか」「○○をもうすこし詳しく教えてくれませんか」などと詳しく説明してもらうようお願いしたりすることで、会話が活性化します。

### □テンポやトーンを相手と合わせる

話すテンポやトーン、表情などを相手とさりげなく合わせながら会話を進めていくことで、親近感を生み出すことができます。また、話を聞くときの表情で、笑顔やほほ笑みは特に重要です。

## さらにくわしく

### ●カメレオン効果

**人は自分と相手の言動が似ていると好感を持ちます**。心理学用語ではこれを**カメレオン効果**と言います。

ニューヨーク大学のターニャ・チャートランド氏とジョン・バー氏[30]は、実験参加者とサクラのペアで会話をさせ、調査を行っています。その結果、サクラが相手の真似をしながら会話を行った場合のほうが、真似をしなかった場合よりも、実験参加者による好感度の評価は高くなったそうです（9段階評価で前者は平均6・62点、後者は平均5・91点）。さらに、会話の滑らかさに対する評価にも明確な差が見られました（前者は平均6・76点、後者は平均6・02点）。このように、しぐさや動き、表情などをさりげなく相手と合わせることで、**親近感を醸成したり、円滑に会話を進めたりできる**のです。

この研究結果を活用し、**相手とテンポやトーン、表情などを合わせながら会話を進めていく**ことで、親近感を生み出すことができます。

## ●臨床心理学の知見を活かした聞き方

アメリカの臨床心理学者トマス・ゴードン氏[9][11]は、相手の本心を知るための聞き方には、受動的な聞き方と能動的な聞き方があると述べています。

**受動的な聞き方**では、興味を持って相手の話をきちんと聞いているというメッセージを送ります。次の3つに分類されます。

1つ目は相手のそばに寄り添い、静かに話を聞く**沈黙**です。

2つ目は「そうなんだ」「へー」などと**相づちを打ったり、うなずいたりする**方法です。

3つ目が「そこを詳しく教えてください」「それから?」などと**話を引き出す**方法です。

次に能動的な聞き方です。**能動的な聞き方**では、積極的に話し手に対して自分の理解を確認していきます。能動的な聞き方は3つに分類されます。例えば、話し手が「どうすればいいか決めかねているんですよ」などと言った場合、どう反応するかで紹介していきましょう。

1つ目は「決めかねているんですね」と相手の言ったことをそのまま**繰り返す**方法です。

2つ目は「決めるのが難しいんですね」のように**言い換えたり、要約したりする**方法です。

3つ目は「困っているんですね」のように相手の**気持ちを推測する**方法です。

話を聞く際はこれらの方法を組み合わせて、話しやすい雰囲気を作り出してみましょう。

# 自分の思いや考えをどう伝えるか

話し合いを活性化させるには、自ら情報を開示したり、自分の思いや考えを述べたりすることも大切です。懐を開くことで相手の心が近づくこともあります。どのような伝え方をしたらよいのでしょうか。

## STORY

### ❶相手の意見を聞いて、自分の考えを言う

レッスンが始まる20分前に教室へ来たジェームズは考えていた。グループメンバーの意見や考えを把握することはできた。そこからさらに議論を深める方法を思案していた。

「は〜い、ジェームズ！」

あやは、超ごきげんな様子で教室に入ってきた。

「なんか嬉しそうですね。何かあったんですか」

「あ！　わかっちゃった？　実は第1志望のグループディスカッション、通ったんだよね。

次はいよいよ最終面接」

「え！　ジャパニーズ・エアウェイズですか」

「そう」

「へーおめでとうございます。何かコツとかあったんですか」

「ここのレッスンで習ったことを実践しただけだよ」

「どんな試験だったんですか」

「『客室乗務員にとって大切なスキルを3つにまとめてください』というテーマだったの。まず、**みんなでことばの定義や前提条件を確認した**のね。で、**メンバー全員が発言できるような聞き方を率先して行いながら、自分の意見も言ってった**の。そのあと、**出てきた意見をみんなでまとめていった**ら、受かっちゃった」あやは嬉しそうに話した。

「つまり、傾聴と同時に、自分の意見や考えも伝えたっていうことですね」

「そう！　それができていたんだと思う」

## ❷自己開示をしよう

美幸がやってきてレッスンが始まった。

「今日は最初に、自己開示の大切さを考えていきましょう」

「どういうことですか」ジェームズは問いかけた。

「今から1つのケースを紹介するから、イメージして聞いてみてね」

「あるところに兄と弟がいました。兄は、自分が使っていたパソコンを弟に2万円で売ると言いました。弟は、パソコンが欲しかったけれども、2万は安すぎると思い、何か不具合があるのではないかと疑いました。そこで弟は、兄が要らないと思っているパソコンに2万円は高すぎると不満を漏らしました。そして、1万円なら買ってもいいと提案しました。しかし、兄は『1万円は安すぎる。中古でも3万はするパソコンだ』と弟に言いました。『じゃあ要らない』と弟は言い、フイッとその場を立ち去りました」

「さて、弟はその場から離れてしまいましたが、お兄さんは弟にパソコンを買ってほしい。どうすればいいと思いますか」

あやと圭介がじっくり考えていると、ジェームズが先に言った。

「もっと説得すべきだったんじゃないですか」

「壊れていないことをアピールすればよかったと思います」圭介も答えた。
美幸は2人の答えを聞いてから続けた。

「実はこの話には続きがあります。兄は弟に改めて話を持ちかけました。『実は最新の高性能パソコンを買いたいんだけど、お小遣いが足りなくて困っている。今のパソコンを買ってもらえたら、予算の足しにできるし、すごく助かる。別に壊れているわけじゃないんだよ』。事情を聞いた弟は、『それなら買うけど、2万は高すぎる。1万5千円なら出せるよ』と言いました。そして交渉は成立し、兄は無事に高性能パソコンを購入することができました。めでたしめでたし」

「Oh,《オウ》 I see!《アイシー》（おお、なるほど！）」とジェームズの口から思わずこぼれた。

「このように、**自分の心情や状況を相手に開示することも時には必要です**。そうすることで、**相手の不安が解消され、心を開いてくれる可能性が高くなるんですよ**。自分の気持ちや考えなど『**わたしメッセージ**』[9][11]を相手に伝えることも意識してみてくださいね」

「次に、意見や考えを述べるうえで大切なことをお伝えしましょう。それは**誠実であること**」

「そんなの当たり前ですよね」と圭介は言った。

「でも、その当たり前ができていないことも多くあるの。例えば、自分の提案に欠点やリスクがあったとしたら、どうしますか。言わないでおく？」3人は黙って考えた。

「相手が気づかないだろうと思って、隠した場合、どうなるでしょうか。あとになって嘘や隠蔽《いんぺい》が発覚すれば、相手からの信頼や親近感はなくなってしまうでしょう。最悪の場合、悪い評判が立ち、多くの人から信用を失う恐れもあります」間を置いてから美幸は続けた。

「一方で、**デメリットやリスクを最初のほうにきちんと伝え、対策なども述べておくことで、警戒心や抵抗感は軽減されます**。そして、それは信頼を得ることにもつながります。ですから、長期的にいい信頼関係を築きたいのであれば、誠実であることも大切なのです」

みな深くうなずいた。

「これは授業や採用試験、ビジネスなどすべてに言えることです」美幸は3人を順に見た。

「グループディスカッションでは、1つの意見に対してメリットとデメリットの両面から考えていくことで、さまざまな視点を持つことができます。商談においても、自社のメリット・デメリット、他社のメリット・デメリットを事前に把握しておくことで、説得力のある主張がしやすくなります」

＊＊＊

最終発表の日が近づいていた。授業で発表準備の話し合いをしているときにジェームズは思い切って、グループのみんなに自分の気持ちを打ち明けた。

「僕は環境保全派だけれども、エネルギー開発の重要性も理解しているから、今回のテーマ、本当はすごく迷っている。だからこそ、それぞれのメリットだけじゃなくて、デメリットも考えてみてほしい」

真剣な表情のジェームズを４人のグループメンバーが見ている。エネルギー開発をテーマにしたいと主張する久保田が言った。

「確かに、エネルギーを作り出すときに、二酸化炭素が出ちゃうことは知ってる。それが地球環境にはよくないと考える人がいることも頭では理解してる。だから、エネルギー開発だけを主張するのは建設的じゃない気がする」

それに対して、環境保全をテーマにしたい緑山も口を開いた。

「いわゆる先進国は、環境保全の意識が今ほど高くないときに、開発を進めて発展したけど、これから開発を進めていこうとする国に対して、環境保全を高らかに要求するのはずるいと思う。発展って早い者勝ちじゃないもんね」

今回は、腹を割って話し合いを進めることができた。ジェームズは一歩前進することができたのでは、と感じていた。

## エッセンスのおさらい

### □自己開示

自分の心情や状況を相手に開示することは大切です。自己開示をすることで、意思決定の妨げとなっている相手の不安要素を取り除くことができます。

### □メリットとデメリット

メリットとデメリットを把握するようにしましょう。もし、自分の案にデメリットがある場合は、誠実に相手に伝えることも大切です。そうすることで、相手の警戒心や抵抗感は軽減され、信頼を得ることにもつながります。

さらにくわしく

## ●社会的浸透理論

親密さに関して、アメリカの心理学者アーウィン・アルトマン氏とダルマス・テイラー氏[24]は、**「自己開示とともに親密度が増す」という社会的浸透理論**を提唱しています。

身近な例で考えてみましょう。例えば、初対面の人と話す場合は「出身地」や「職業」など表面的な情報（図における円の外側）についてやり取りすることが多いのではないでしょうか。一方で、親しい人と話す場合は「悩み事」や「失敗談」など内面的な話題（図における円の内側）について話すことが多くなります。これが社会的浸透理論です。

この理論を活かし、**最初は表面的な浅い自己開示から始め、徐々にそのレベルを深くする**ことで、相手との距離を縮めていけます。雑談をする場面などでも役立ててみてください。

▶表面から内面へと自己開示していくことで、親密度が増す

## ●メリットとデメリットの提示方法

キップリング・ウィリアムズ氏ら[43]が行った模擬裁判の実験では、自身にとって不利となる証拠が、①存在しない場合、②相手に指摘されるまで触れられない場合、③自身によって最

初に触れられる場合とで比較し、効果的な説得方法を調査しています。

その結果、不利な情報は、③自ら最初に触れることで、実験参加者である陪審員の信頼度は高まり、評決にも有利な影響を生むことが確認されています。

また、ゲルト・ボーナー氏ら[29]の研究では、次のようなレストラン広告が使われました。

①「くつろいだ雰囲気です」のようにメリットだけを述べたもの。

②「くつろいだ雰囲気ですが、お客様専用駐車場はありません」のように店内に関するメリットと、それとは関係ない店外のデメリットを述べたもの。

③「くつろいだ雰囲気ですが、十分なスペースがないため、4名以上のグループのお客様には適していません」のように、店内に関するメリットと、それに関連した店内のデメリットを述べたもの。

②のデメリットである「駐車場がないこと」と、③のデメリットである「十分なスペースがないこと」は、それぞれ単体だと同程度のマイナス評価を受けていました。しかし、①〜③の中でもっとも評価が高かったのは、③のような広告だったそうです。

以上の結果を総合すると、**最初にデメリットを伝え、そのあとにデメリットと関連するメリットを提示すること**で、話に説得力を持たせることができると考えられます。

## すべてを俯瞰《ふかん》して見る

話し合いにおいて、
意見や考えが対立したときに心がけていることを
挙げてみましょう。

## STORY

### ❶二者択一の発想を捨てる

ジェームズのファシリテーションによって、エネルギー開発推進派と環境保全派、両者のメリット・デメリットは把握できたが、まだ妙案が見つけられていない。それを美幸に伝え、相談した。

「先生、対立を解くために何かいい方法はないでしょうか。このままだとグループ発表の内容が決まりません」

「そういった場合は俯瞰して見ることが大切です。ちょっと次の場面を想像してみてください」美幸は続けて言った。

「友達と1泊2日で旅行します。自分は温泉でのんびりしたいと思っているけれども、友達はレジャーで身体を思いっきり動かしたいと思っているとします。どうすればいいでしょうか」

「どっちかが折れる、とかですか」とジェームズは答えた。

「ほかの視点からも考えてみましょうか。もっと納得できる解決策があるんですよ。一見すると『のんびり旅　VS. アクティブ旅』で対立しているように思えますが、日本には温泉があってレジャーも楽しめる観光地はたくさん存在していますよね。そういった選択肢もあると思いませんか」

「そっか」とジェームズは小さな声で納得した。

「別に四六時中いっしょに行動する必要もないわけでしょう。こんなふうに視野を広げて考えていくと、お互いのニーズを満たす選択肢が見つけ出せるのです」

「ホントですね！　あたし、どっちかしかないと考えてた」あやのことばを聞いてから、美幸は説明した。

「この一例みたいに、目の前で起きている問題を解決するとしたら、お互いにとって何がべストだろうか、ということを考えるようにしましょう。つまり、**自分の視点からだけでなく、相手の視点にも立って考えるということです。それにより、今まで見えてこなかった解決策が浮かび上がってきます。**対立したときこそ、**両者にとってベストの解決策を探し出すようにしましょう**」

「でも、両者にとってベストの解決策を探し出すのって難しくないですか」圭介が尋ねた。

「このときに重要なのが、**二者択一の発想を捨てる**ということです」

「どういうことですか」ジェームズも尋ねた。

「AかBかのどちらかに決めるみたいに、二者択一だけで物事を捉えないようにするのです。実際のところ、無数の選択肢が存在しています。賛成か反対かというテーマにしても、『この条件なら賛成だし、その条件なら反対だ』というように、さまざまな選択肢が考えられるんですよ」

## ❷俯瞰して見るとは?

ジェームズの頭の中では、まだ疑問が渦巻いていた。

「大学のディスカッションとか、もっと改まった場面でも、そんなことができるんですか」

「もちろんできます。例えば、授業や採用試験などにおけるグループディスカッションでも有効です。今から、それを6つのステップで説明していきますね」

美幸はホワイトボードに1つずつ書いていった。

**▼第3の解決策を見つける方法**

①新たな策を探そうと促す。
②成功基準を設定する。
③解決案を挙げる。
④選ぶ。
⑤実行する。
⑥振り返る。

「ステップ①では、参加者全員が『AかBかどちらかに決める』という考えから抜け出します。だから、もし主張が対立したのなら

『**今まで考えたこともないような解決策をいっしょに探してみませんか**』

と提案する必要があります。この提案に対して賛同が得られれば、ベストな解決に近づく

わけです」

「ステップ②では、**成功の基準を設定します**。『どうなるのがベストでしょうか』と問いかけてもいいでしょう。先の旅行の例で言えば、『温泉でのんびりできる』『レジャーが楽しめる』という点が両者のニーズを満たす基準となるでしょう」

「ステップ③では、考えられるだけ案をたくさん挙げていきます。いわゆる**ブレインストーミングの段階**です」

「ステップ④は、**挙がった解決案の中から納得できるものを選んでいきます**。このときに重要なのが、参加者が少数の場合は全員が同意し、多数の場合はほぼ全員が合意するということです。そうしたほうが、みんなが合意に対して当事者意識を持てるからです。心理学用語ではこれを『参加の原理』と言います。多数決は一見すると民主的なように感じられるかもしれませんが、少数派にとっては不満やわだかまりを残す結果となってしまいます。一方が勝ち、他方が負けるという状態です。そうならないためにも、全員で解決策を選び、実行に移すことが重要なのです。この部分が妥協策とは大きく違う点です」

「ステップ⑤は、ステップ④で**合意されたことを実際に行います**」

「ステップ⑥では、**振り返りを行います**。問題がなければ引き続き実行していき、問題があるなら、またステップ③に戻って解決策を考え直すのです」

「それから、①〜⑥のステップ全体でもっとも重要なのが、途中で相手を否定・批判せず、最後まで話を聞いて意図をくみ取ろうとする姿勢です」

**❸ビジネス場面での応用**

「ビジネスでも応用できますかね」と圭介は尋ねた。

「可能ですよ。例えば、テレビを安く買いたいと考えているお客と、家電を売って売上げを伸ばしたいと考えている販売員がいるとします。まずは、①お互いに満足するような交渉をしようと提案します。②両者が満足する基準は、

『安く購入する』

『売上げを伸ばす』

です。一見すると対立しているように感じますよね。もうすこし話を掘り下げていきましょう」

「お客は4万円前後で大型テレビを買おうと考えています。一方、販売員は、売上げを伸ばしたいと考えています。③そこで、販売員はヒアリングを行い、お客がレコーダーも欲しているというニーズを見つけ、録画機能付きテレビなら5万3千円から4万8千円まで値下げできると伝えました。④お客は、少々予算オーバーではあるが、録画機能も手に入るなら安いものだと判断しました。⑤そして、4万8千円で録画機能付きの大型テレビを買うことにしました。⑥最終的に、両者はこの交渉にとても満足したのでした」

「この事例のように、**ニーズをすり合わせることで、両者が満足する選択肢を生み出し、合意形成することができます。**もし、納得する解決策が出てこないときや、相手には歩み寄りながら合意・同意をする気がないと感じたときは、思い切って交渉をやめるのが最善の選択になる場合もあります」

最後に美幸は言った。

「この例は単純化しているので、実際のビジネス場面では、より条件が複雑になると思いますが、いずれにしても6つのステップで考える習慣を身につけることが大切です」

＊＊＊

レッスン受講後、ジェームズはエネルギー開発と環境保全に関する書籍や論文を徹底的に調べ上げた。そして、どちらも両立するような第3の解決策をついにひらめく。

翌日。国際開発論の最終発表に向けて、ジェームズたちのグループは、ウェブ上のビデオ会議を使って発表内容を決めようとしていた。

エネルギー開発をテーマにしようと主張する久保田が言った。

「この授業は『開発論』なんだから、やっぱり経済発展をテーマにしたいな。特に、エネルギーは、インフラで重要な役割を果たすわけだから、いいテーマだと思うんだけど」

環境保全をテーマにしたい緑山は言った。

「そうは言っても、開発を進めていくことで、失ってしまうものも大きいよ。自然環境なんかもその最たる例だと思う。エネルギー開発ひとつ取っても、エネルギーを作り出す過程で大量の二酸化炭素が排出されるわけだから、温室効果ガスが増えちゃう。それに、エネルギーって無限にあるわけじゃないし。『開発論』の授業だからこそ、環境に焦点を絞って発表すべきだよ」

　このままでは埒《らち》が明かない。ジェームズは、満を持して、調べ上げたアイディアをほかのメンバー4人に説明した。

「あの、その件だけど、久保田君は『経済発展』で、緑山さんは『環境保全』を主張しているんだよね。これら2つが両立しないものとして話し合いをしているけど、実は両立するんじゃないのかな？　具体的に言うと、水素エネルギーをテーマにするっていうのはどうだろう？　無尽蔵にある太陽光を使って水を分解して、水素を取り出し、その水素をエネルギーとして利用するという研究もされているみたい。この方法だと、エネルギー生成時に二酸化炭素が発生しないから、地球にもやさしいと思うんだよね」ジェームズは続けて説明する。

「つまり、この水素エネルギーなら、二酸化炭素を排出しないから、環境保全にもつながるし、また、エネルギー開発もできるわけだから、発展にもつながる。それに、太陽光と水を使う方法だから、資源の枯渇を心配する必要もない。先進国・新興国・開発国関係なく、すべての国と地域が協力して、こういったエネルギーを推進させていく姿勢が大切なんじゃないかな？」

　エネルギー開発を主張する久保田、環境保全を主張する緑山、どちらもジェームズの提案を聞き、目から鱗《うろこ》が落ちるといった様子であった。

「うん、それがいいと思う」久保田が言った。

「そうしよう！」緑山も同意した。

「よかった！　いくつか水素エネルギーの文献にあたってみたんだけど、見てもらえる？」

ジェームズは、本や論文を紹介し、それらについて説明を加えた。根拠として事実資料を提示することも、レッスンで教わったことだ。

　それからの話し合いは円滑に進み、週末を返上して準備した甲斐もあって、授業前に発表資料をまとめることができた。

## エッセンスのおさらい

### □自分の視点と相手の視点

話し合いでは、お互いにとってベストの選択肢を考え出すことが重要です。その際に大切なのが、誤った二者択一で物事を捉え、条件や立場の違いをもとに対立するのではなく、**双方が視点を広げ、共通の利害やニーズに目を向けて解決していく姿勢**です。自分の視点からだけでなく、相手の視点からも眺め、俯瞰して考えることを意識しましょう。

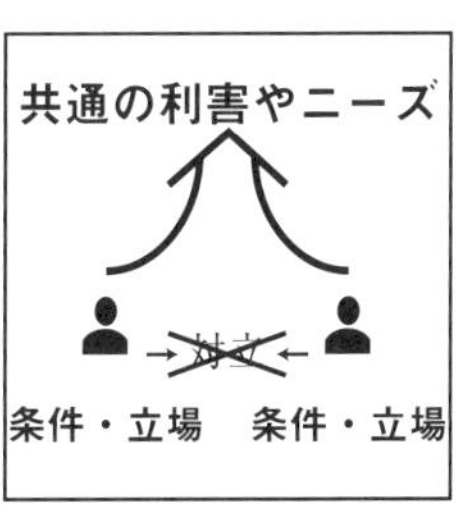


### □第3の解決策を見つける方法

アメリカの経営コンサルタントであるスティーブン・コヴィー氏[7]と、同じくアメリカの臨床心理学者であるトマス・ゴードン氏[9]は、第3の解決策を見つける方法を提案しています。話し合いで対立した際は、次のステップを意識してみてください。

①新たな策を探そうと促す。
②成功基準を設定する。

③解決案を挙げる。
④選ぶ。
⑤実行する。
⑥振り返る。

## さらにくわしく

### ●納得する解決策を考える

ハーバード大学の交渉学研究者ロジャー・フィッシャー氏とウィリアム・ユーリー氏[20]が、次のようなたとえ話をしています。

2人の目の前に1つのケーキがあります。これを両者が納得する方法で切って分け合うにはどうすればよいでしょうか。ここではどう切り分けるかがポイントとなってきます。

▶どう切り分ける？

では、正解です。2人はこう切り分けたそうです。まず、一方が公平だと思うように切り分けます。そして、他方が食べたいほうを先に選びます。そして、残ったほうを切った人が取ったのでした。そうすることで、両者は納得してケーキを分配することができます。切る人は公平になるように切り、先に選ぶ人は好きなほうのケーキを取ることができます。

このように、話し合いをする際は、**参加者が納得するような形で解決していくことが重要**なのです。

## ●雪だま転がし

アイディアが多く集まりやすいブレインストーミングの方法を紹介しましょう。話し相手やアイディアが徐々に増大していくので、「**雪だま転がし（forward《フォワード》 snowball《スノーボール》）**」と呼ばれる手法です。

まず、1人で問題や課題に対する考えを出します。次に、2人で対話をし、意見交換をします。それから、4〜6人のグループで話し合って、最後に全体に向けて話し合った内容を報告するという流れです。

最初から大きなグループで話し合いをすると、意見を言わない人が出てきてしまうかもしれませんが、先のようにスモールステップで徐々に話し合いの輪を広げていくことで、**心理的な障壁を減らし、自由に気兼ねなく意見交換をすることができます。**

# エピローグ

## 参加者3人は受講後どうなったのか

## エピローグ1　橋本 あやのその後

その日、あやは第1志望であるジャパニーズ・エアウェイズの最終面接に臨んでいた。

あやの前には、役員と思われる面接官が3人並んでいる。あやは、心の中で「これだけ時間をかけて対策したのだから、絶対大丈夫」と自分を落ち着かせていた。

真ん中の男性面接官が口を開く。

「最初に、客室乗務員を志望する理由をお聞かせください」

あやがもっとも考え抜いた質問のひとつだ。自信を持って答えた。

「旅客機における接客サービスをとおして、お客様に喜んでいただき、国際社会の発展に寄与したいと考えたからです。

私は、3年ほどカフェでアルバイトをしているのですが、『お客様にすこしでも喜んでいただくためには、何が必要か』を店員みんなで考えながら行動するよう心がけてきました。その甲斐もあり、常連のお客様は増え、『この店が好きだ』と評価していただけるようにもなりました。客室乗務員の場合でも同様に、お客様の喜びを常に考え、『また乗りたい』と思っていただけるような接客をしたいと考えております」

3人の面接官は、軽くうなずきながら、あやの話を聞いていた。

「客室乗務員は、国内外問わずさまざまなお客様と接するため、国と国、人と人の橋渡しをする重要な役割を担っており、大変やりがいのある仕事だと思います。私は、これまでの経験を活かし、お客様に快適な空の旅をご提供したいと考えております。そして、日本各地、日本と海外をつなぐ架け橋になれればと思い、客室乗務員を志望いたしました」

すかさず、向かって左の女性面接官が問いかけてきた。

「『お客様の喜び』ということをおっしゃいましたが、具体的にカフェでどう行動なさっているのでしょうか」

あやにとっては、予想通りの質問だった。というのは、先の回答で具体例が挙げられていなかったからだ。面接官は、情報の隙間（↓100ページ参照）に興味を持ったのだ。

「いつも店内全体を見渡しながら、行動することを店員同士で意識しています。例えば、お客様の人数、食べるスピードなどを見て、料理を運ぶタイミングを考えています。また、店内の内装やレイアウトを定期的に変えるよう提案し、お客様を飽きさせないお店作りも意識しております。ほかにも、ワインの説明がきちんとできるよう、検定試験に挑戦し、合格するなど自己研鑽にも励みました」

面接官は手元の用紙に何かを記入している。再度、真ん中の面接官が尋ねてきた。

「数ある航空会社の中で、弊社を志望する理由は何ですか」

これも、あやが長時間かけて回答を準備した問いである。ホームページやパンフレットなどを比較・分析した。

「御社の『安心かつ安全な空の旅をご提供します』という企業理念と、それを体現する社員のみなさまを拝見し、私もその一員として、世界一の安心と安全をご提供したいと思ったからです。

以前、御社の国内線を利用した際、機内の座席に家の鍵を忘れたことがありました。ホテルに着いてから相談窓口に連絡したところ、即座にご対応いただき、帰りの便に乗る際、鍵だけでなく、紛失防止用に素敵なご当地キーホルダーもいっしょに渡してくださいました。

このように、お客様の安心を第一に考える理念が、社員のみなさまひとりひとりに根づいていることに、私は胸を打たれました。そして、私も御社の一員として、顧客満足度No.1を目指し、お客様の安全を守り、快適なサービスをご提供したいと考え、志望いたしました」

面接は、およそ15分にわたって行われた。あやは、言いたいことをきちんと伝えることができたと感じていた。あとは、すべてを天に委ねよう。

＊＊＊

その3日後。自宅で読書をしているときに、ついにその瞬間はやってきた。ジャパニーズ・エアウェイズから着信が来たのだ。震える手を抑えながら、あやは電話に出た。

「ジャパニーズ・エアウェイズ人事部の坂口です。橋本あやさんでいらっしゃいますか」

「はい」

「先日行った最終面接ですが、慎重かつ厳正に検討しました結果……」

あやは、つばを飲み込んだ。

「ぜひとも採用いたしたいという結論に達しました。正式な入社手続きはこれからですが、まずは内定のご連絡を差し上げました。入社に際して、必要な書類を送付いたしますので、つきましては……」

今後の流れを一通り聞き、あやは電話を切った。そして、心の中で「内定だ……」とつぶやいた。ことばにならない思いがこみあげ、気づいたら涙していた。

＊＊＊

後日、親友である香奈子と会う機会があり、内定のことを伝えた。香奈子は、複数の航空会社から内定をもらっており、その中から自分に一番合っていると感じた外資系航空会社に入社することを決めたそうだ。その日は、2人で喜びを分かち合い、大いに盛り上がった。来年から、夢にまで見たジャパニーズ・エアウェイズの客室乗務員になれる。あやは、新たに始まる客室乗務員としての社会人生活に、あれこれ思いを馳せるのだった。

## エピローグ2

## 堺 圭介のその後

「次は、商品企画課・堺さんの提案です。では、前へ」

　企画部長に促され、圭介は会議室の前方にあるプロジェクタースクリーン左横の位置につき、切り出した。

「まずは、こちらの写真をご覧ください」最初のスライドを映し出した。

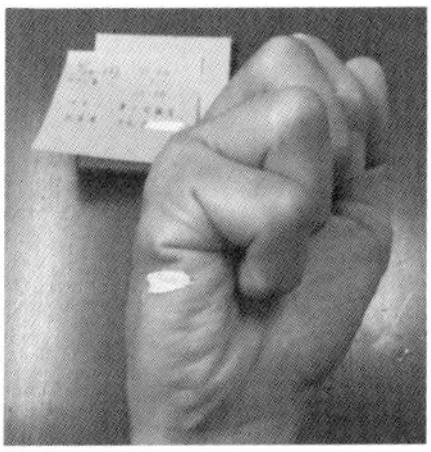

「こちらは、私の手です」

　出席者から笑い声がこぼれる。

「これは、私がメモを作成していた際に撮影したものです。小指の左側をご覧ください。この白い物は何でしょうか」

「ん？　修正液か？」役員のひとりが答えた。

「その通りです。修正液がまだ乾いていないのに、字を書いてしまったため、手に付着してしまったのです。みなさんも同様のご経験はございませんでしょうか。文字を書いている際に、書き間違えてしまう。急いで修正液を使い、直そうとするものの、修正液には凹凸ができ、字が乱れる。オマケに手にはベッタリと液が付着する……そんな不便さを解消したいと考え、私は『クイック修正液』という商品の企画を立案いたしました。本プレゼンでは、売上げデータ、お客様の声、そして我が社の開発力という3点から、企画の妥当性をお伝えします。この10分間のプレゼンをお聞きになったあとには、『クイック修正液』の将来性をご理解いただけると思っております」

出席者はみな、圭介の発表を集中して聞いていた。圭介は、手ごたえを感じた。

「こちらのグラフをご覧ください。このグラフは、従来の『マキノ修正液』におけるここ10年間の売上げデータでございます。このグラフが指し示すように、修正液の売上げは安定しており、一定数のお客様にご愛用いただいていることが把握できます」

役員の人たちは、このデータを見ながら、小さく首を縦に振った。

「そこに私は注目し、修正液をさらに改良してバージョンアップできないかと考えました」

ひと息置いてから続けた。

「次に、ここ10年間で寄せられた修正液へのご意見・ご感想を調べてみました。すると、『修正液は修正テープと比べ、細微な直しができる』という肯定的な意見がある一方で、『修正液が手に付着するので困る』『凹凸ができ、字が汚くなった』『乾いていない修正液のせいで、

「マキノ修正液」10年間の売上げデータ

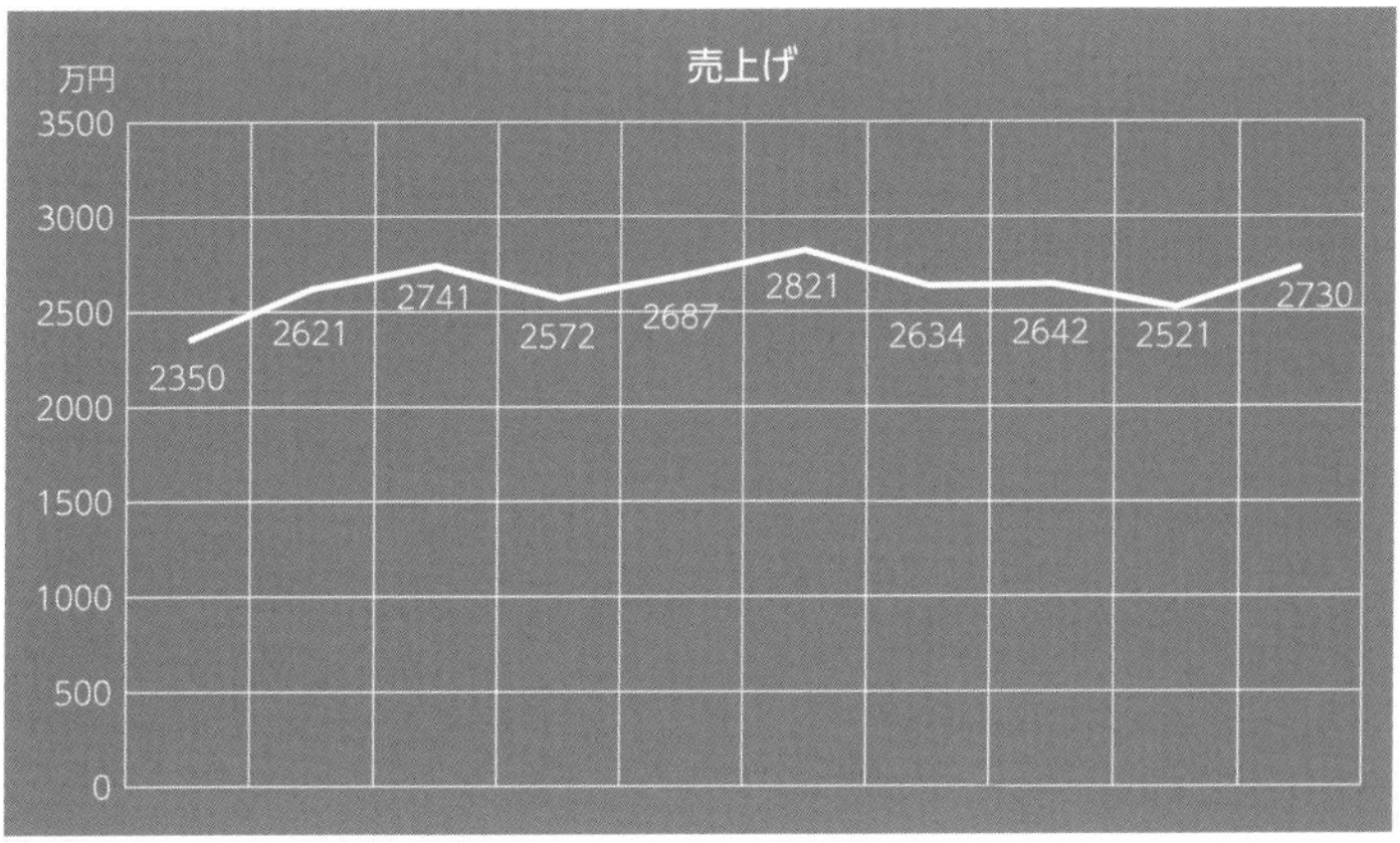


ノートのページがくっついた』という意見が多数寄せられていることを発見しました。

さらに私は、独自にお客様に対して調査を実施してみました。普段、マキノ修正液を使っている４３８名の方に『修正液で改善してほしいところ』を自由記述式で尋ねてみたところ、１位が『乾きをよくしてほしい』で全体の76%、2位が『凹凸ができないようにしてほしい』で全体の68%という結果でした。また、『そのような修正液があったとしたら、現在使っている修正液と比べて、どのくらい高くても買いたいか』という質問をしたところ、『平均して20円高くても買いたい』という回答が得られました」

圭介は、意識してすこし間を置いた（↓55

ページ参照）。

「最後に、我が社の開発力について言及します。速乾性のある修正液は可能なのか。開発部の担当者に調査を依頼してみたところ、『最近我が社が特許を取った木工用接着剤の特殊素材を使用すれば可能なのではないか』という提案を受けました。しかしながら、この特殊素材は接着剤用であるため、上から文字が書けないという問題点がありました。そこで、この特殊素材を修正液用にするため、さまざまな固着剤のアクリル系樹脂との相性を比較検討しました。試行錯誤の末、文字が上からスラスラと書ける新たな特殊素材が完成しました。実際の試作品がこちらです」

圭介は、部会での試作品よりもさらに滑らかさを改良させた修正液を役員に渡した。

全員が使い心地を確認し終わったのを見届け、さらに続けた。

「そして、ここがもっとも重要な点なのですが、値上げを20円以内で抑えることが可能かどうかを開発部の担当者と検討したところ、『この特殊素材は、我が社が特許を持っているものであるため、例年並みの生産量でも15円前後の値上げで抑えることができる』という結論に達しました」圭介は、コストに関するスライドを見せ、詳しく説明した。

「このように、市場のニーズと、我が社の開発力をかけ合わせることで、お客様にご満足いただける修正液を生み出すことができます。ぜひ、前向きに『クイック修正液』をご検討いただければと思います。これで私の発表を終わりにいたします。ご清聴、どうもありがとうございました」

パラパラと拍手が鳴った。しかし、ここからが本番である。質疑応答が終わるまでは、予断を許さない。早速、常務が質問してきた。

「発売のスケジュールはどうなっている?」

「開発部との兼ね合いにもなるのですが、年内までに2度、商品モニター調査を実施し、来年の3月初旬ごろ発売しようと計画しております」そう言って圭介は、スケジュールが示されたスライドを投影させ、表について解説を加えた。

「ということは、文房具の買い揃えがある新年度までには、間に合うということだな」

「そうです」

「初年度の売上げは、どのくらいになる?」

続いて専務も尋ねてきた。なかなか難しい質問である。未来のことは誰にもわからない。

「ご質問、どうもありがとうございます。現時点で確実な数値は断言できないので、概算を申し上げます。こちらの資料にありますように、先の顧客調査や市場調査、過去の売上げデータなどを総合して計算したところ、現在の売上げからおよそ30％増という結果が得られていますので、初年度は３５００万円を超えるのではないかと予測しております」

その後もいくつかの質問が出席者によってなされ、圭介は懸命に答えた。そして、ある程度質問が出尽くしたところで、社長である佐藤茂は腕組みをやめ、口を開いた。

「堺さんの企画は、目のつけ所がいい。しかも、お客様の視点を見事に捉えている。お客様の利便性を考えるのは、我が社の使命だと言っても過言ではない。この商品をぜひ世に送り出そう」ほかの役員も社長の意見に賛同し、無事に「クイック修正液」の企画は成立した。

圭介にとって、ここからが本当の意味での正念場だ。圭介は、喜びを噛みしめつつも、これから始まる挑戦の日々を想像していた。

水素エネルギーをテーマとして発表することにしたジェームズたちのグループは、誰がどの部分を説明するか決め、本番に臨んだ。グループ発表では、5人それぞれが水素エネルギーに関して調べたことを説明した。クラスメイトからも次から次へと質問が出た。首尾は上々だった。

ジェームズたちのグループは、当初、平行線の話し合いが続いていたが、最終発表を行うころにはメンバー同士、信頼関係を構築するまでになっていた。エネルギー開発を主張していた久保田や、環境保全を主張していた緑山も、自分の意見を主張するだけでなく、互いのニーズに目を向けながら合意形成することの重要性を実感したようだった。

＊　＊　＊

最終週のグループ発表から約1カ月半後。ジェームズは学務課にいた。今学期の成績表を受け取るためだ。

「Sだ！」

国際開発論の評価は、最上級のSだった。全体の成績も、先学期よりだいぶよくなっていた。奨学金も、引き続きもらえそうだ。

ジェームズは、大学で学んでいくうえで必要な「伝える力」という強力な武器を手に入れることができたと感じていた。そして、これからも日本で多くを吸収できることに、胸を弾ませていた。

of Stealing Thunder in Criminal and Civil Trials. *Law and Human Behavior*, 17(6), 597-609.

(44) Zajonc, R. B. (1968). Attitudinal Effects of Mere Exposure. *Journal of Personality and Social Psychology*, 9(2, Pt.3), 1-27.

Winner: Voice Pitch Influences Perception of Leadership Capacity in Both Men and Women. *Proceedings of the Royal Society B: Biological Sciences*, 279(1738), 2698-2704.

(34) Langer, E., Blank, A., & Chanowitz, B. (1978). The Mindlessness of Ostensibly Thoughtful Action. *Journal of Personality and Social Psychology*, 36(6), 635-642.

(35) Loewenstein, G. (1994). The Psychology of Curiosity: A Review and Reinterpretation. *Psychological Bulletin*, 116(1), 75-98.

(36) Oppenheimer, D. M. (2006). Consequences of Erudite Vernacular Utilized Irrespective of Necessity: Problems with Using Long Words Needlessly. *Applied Cognitive Psychology*, 20(2), 139-156.

(37) Redelmeier, D. A. & Kahneman, D. (1996). Patients' Memories of Painful Medical Treatments: Real-Time and Retrospective Evaluations of Two Minimally Invasive Procedures. *Pain*, 66(1), 3-8.

(38) Robinson, J. & McArthur, L. Z. (1982). Impact of Salient Vocal Qualities on Causal Attribution for a Speaker's Behavior. *Journal of Personality and Social Psychology*, 43(2), 236-247.

(39) Shedler, J. & Manis, M. (1986). Can the Availability Heuristic Explain Vividness Effects? *Journal of Personality and Social Psychology*, 51(1), 26-36.

(40) Shu, S. B. & Carlson, K. A. (2014). When Three Charms but Four Alarms: Identifying the Optimal Number of Claims in Persuasion Settings. *Journal of Marketing*, 78(1), 127-139.

(41) Sponberg, H. (1946). A Study of the Relative Effectiveness of Climax and Anti-Climax Order in an Argumentative Speech. *Speech Monographs*, 13(1), 35-44.

(42) Stasser, G. & Titus, W. (1985). Pooling of Unshared Information in Group Decision Making: Biased Information Sampling during Discussion. *Journal of Personality and Social Psychology*, 48(6), 1467-1478.

(43) Williams, K. D., Bourgeois, M. J., & Croyle, R. T. (1993). The Effects

ド・ビジネス・レビュー編集部編（DIAMOND ハーバード・ビジネス・レビュー編集部訳）『ハーバード・ビジネス・レビュー コミュニケーション論文ベスト10 コミュニケーションの教科書』ダイヤモンド社，119-132

(24) Altman, I. & Taylor, D. A. (1973). *Social Penetration: The Development of Interpersonal Relationships*. New York, NY: Holt, Rinehert & Winston.

(25) Anderson, N. H. (1959). Test of a Model for Opinion Change. *The Journal of Abnormal and Social Psychology*, 59(3), 371-381.

(26) Apple, W., Streeter, L. A., & Krauss, R. M. (1979). Effects of Pitch and Speech Rate on Personal Attributions. *Journal of Personality and Social Psychology*, 37(5), 715-727.

(27) Argyle, M., Lefebvre, L., & Cook, M., (1974). The Meaning of Five Patterns of Gaze. *European Journal of Social Psychology*, 4(2), 125-136.

(28) Asch, S. E. (1946). Forming Impressions of Personality. *The Journal of Abnormal and Social Psychology*, 41(3), 258-290.

(29) Bohner, G., Einwiller, S., Erb, H.-P., & Siebler, F. (2003). When Small Means Comfortable: Relations between Product Attributes in Two-Sided Advertising. *Journal of Consumer Psychology*, 13(4), 454-463.

(30) Chartrand, T. L. & Bargh, J. A. (1999). The Chameleon Effect: The Perception-Behavior Link and Social Interaction. *Journal of Personality and Social Psychology*, 76(6), 893-910.

(31) Ekman, P. & Friesen, W. V. (1969). The Repertoire of Nonverbal Behavior: Categories, Origins, Usages, and Coding. *Semiotica*, 1(1), 49-98.

(32) Hemsley, G. D. & Doob, A. N. (1978). The Effect of Looking Behavior on Perceptions of a Communicator's Credibility. *Journal of Applied Social Psychology*, 8(2), 136-142.

(33) Klofstad, C. A., Anderson, R. C., & Peters, S. (2012). Sounds Like a

ス・レビュー編集部訳）『ハーバード・ビジネス・レビュー コミュニケーション論文ベスト10　コミュニケーションの教科書』ダイヤモンド社，65-98
（11）近藤千恵（監）・土岐圭子（2006）『教師学入門：教師のためのコミュニケーション論』みくに出版
（12）シュガーマン，ジョセフ（2006）『シュガーマンのマーケティング30の法則：お客がモノを買ってしまう心理的トリガーとは』（佐藤昌弘監訳・石原薫訳）フォレスト出版
（13）田村次朗・隅田浩司（2014）『戦略的交渉入門』日本経済新聞出版社
（14）チャルディーニ，ロバートB.（2014）『影響力の武器［第三版］なぜ，人は動かされるのか』（社会行動研究会訳）誠信書房
（15）デニング，ステファン（スティーブン）（2018）「ストーリーテリングの力」ハーバード・ビジネス・レビュー編集部編（DIAMOND ハーバード・ビジネス・レビュー編集部訳）『ハーバード・ビジネス・レビュー コミュニケーション論文ベスト10　コミュニケーションの教科書』ダイヤモンド社，133-156
（16）中村敏枝（2009）「コミュニケーションにおける「間」の感性情報心理学」『音声研究』13(1)，40-52
（17）日本語教育学会（2005）『新版　日本語教育事典』大修館書店
（18）日本歯周病学会「歯周病 Q&A　歯周病の原因」〈http://www.perio.jp/qa/cause/〉（2019年2月22日）
（19）ハース，チップ&ハース，ダン（2008）『アイデアのちから』（飯岡美紀訳）日経 BP 社
（20）フィッシャー，ロジャー&ユーリー，ウィリアム（1990）『ハーバード流交渉術：イエスを言わせる方法』（金山宣夫・浅井和子訳）三笠書房
（21）ベネッセ「第1回 現代人の語彙に関する調査」〈https://literas.benesse.ne.jp/research/2016/〉（2019年7月15日）
（22）マルホトラ，ディーパック&ベイザーマン，マックスH.（2016）『交渉の達人：ハーバード流を学ぶ』（森下哲朗監訳・高遠裕子訳）パンローリング
（23）モーガン，ニック（2018）「嘘偽りのないスピーチの秘訣」ハーバー

# 参考文献


（1）池田佳子（2008）「会話に不可欠な「言い淀み」の機能の一考察」『言語文化研究叢書』7，1-13

（2）ウィリアムズ，ゲイリー A.＆ミラー，ロバート B.（2018）「［意思決定者スタイル別］ビジネス説得術」ハーバード・ビジネス・レビュー編集部編（DIAMOND ハーバード・ビジネス・レビュー編集部訳）『ハーバード・ビジネス・レビュー コミュニケーション論文ベスト10　コミュニケーションの教科書』ダイヤモンド社，33-64

（3）エルズバック，キンバリー D.（2018）「共鳴の演出法」ハーバード・ビジネス・レビュー編集部編（DIAMOND ハーバード・ビジネス・レビュー編集部訳）『ハーバード・ビジネス・レビュー コミュニケーション論文ベスト10　コミュニケーションの教科書』ダイヤモンド社，157-180

（4）カーネマン，ダニエル（2014a）『ファスト＆スロー：あなたの意志はどのように決まるのか？〔上〕』（村井章子訳）早川書房

（5）カーネマン，ダニエル（2014b）『ファスト＆スロー：あなたの意志はどのように決まるのか？〔下〕』（村井章子訳）早川書房

（6）北原保雄編（2010）『明鏡国語辞典　第二版』大修館書店

（7）コヴィー，スティーブン R.＆イングランド，ブレック（2012）『第３の案：家庭，学校，職場，社会，国家における成功者の選択』（フランクリン・コヴィー・ジャパン訳）キングベアー出版

（8）厚生労働省「平成28年歯科疾患実態調査結果の概要」〈https://www.mhlw.go.jp/toukei/list/dl/62-28-02.pdf〉（2019年２月22日）

（9）ゴードン，トマス（2002）『ゴードン博士の人間関係をよくする本：自分を活かす 相手を活かす』（近藤千恵訳）大和書房

（10）コンガー，ジェイ・オールデン（2018）「説得力の思考技術」ハーバード・ビジネス・レビュー編集部編（DIAMOND ハーバード・ビジネ

# 索引

■著者紹介


## 高嶋幸太（たかしま　こうた）

日本語教師／日本語コミュニケーションアドバイザー。立教大学日本語教育センター兼任講師。東京学芸大学教育学部日本語教育専攻卒業、英国グリニッジ大学大学院言語教育学専攻修士課程修了。中学校・高等学校教諭一種免許状（国語）取得。

海外では、青年海外協力隊の派遣国であるモンゴルと、留学先のイギリスで日本語教育に携わる。日本では、企業の外国人社員や大学の留学生に日本語を教える。また、企業や官公庁で日本語コミュニケーションに関する講演・研修も行う。

主著に『日本語で外国人と話す技術』（くろしお出版）、『英語教師が知っておきたい日本語のしくみ』（大修館書店）があり、『私の日本語辞典』（NHKラジオ）などメディア出演・掲載も多数。

HP『世界の日本語図書室』：https://nihongo-toshoshitsu.jimdo.com/

## 木村久美（きむら　くみ）

フリーアナウンサー／スピーチボイストレーナー。

特定非営利活動法人　日本交渉協会　交渉アナリスト。

元 NHK キャスター・リポーター。

音楽大学声楽科の在籍時に学んだ発声法を取り入れ、スピーチボイストレーナーとして活動する。専門学校やエアラインスクール、話し方教室などで学生・社会人に向け、スピーチやプレゼンのビルドアップ講座を実施。

また、交渉アナリストやアンガーマネジメントの知見を活かしたコミュニケーション講座も行っている。

<ビジネス・就活で活きる>「伝え方」のベストプラクティス

NDC361／xii, 211p／19cm

初版第1刷――2020年9月1日

著　者――高嶋《たかしま》幸《こう》太《た》，木《き》村《むら》久《く》美《み》
発行者――鈴木一行
発行所――株式会社　大修館書店
〒113-8541　東京都文京区湯島2-1-1
電話03-3868-2651（販売部）　03-3868-2293（編集部）
振替00190-7-40504
［出版情報］https://www.taishukan.co.jp

装丁者――CCK
印刷所――広研印刷
製本所――牧製本

ISBN 978-4-469-21380-5　　Printed in Japan